Le petit livre des recettes minceur

Nathalie Vogtlin

Le petit livre des recettes minceur

Ouvrage dirigé par Florence Le Bras

First
Editions

ISBN 2-87691-737-8
Dépôt légal : 1er trimestre 2003
Imprimé en Italie

Conception graphique : **Pascale Desmazières**

Nous nous efforçons de publier des ouvrages qui correspondent à vos attentes et votre satisfaction est pour nous une priorité. Alors, n'hésitez pas à nous faire part de vos commentaires à :

Éditions Générales First
33, avenue de la République
75011 Paris - France
Tél. : 01 40 21 46 46
Fax : 01 40 21 46 20
e-mail : firstinfo@efirst.com

En avant-première, nos prochaines parutions, des résumés de tous les ouvrages du catalogue. Dialoguez en toute liberté avec nos auteurs et nos éditeurs. Tout cela et bien plus sur Internet à : www.efirst.com

Introduction

Si l'embonpoint a longtemps été un gage de jovialité et un signe extérieur de richesse, il est aujourd'hui décrié, à raison d'ailleurs, par les professionnels de santé. En effet, nombreuses sont les complications de l'obésité : troubles métaboliques (diabète, dyslipidémie, hypercholestérolémie…), cancers d'origine digestive, maladies cardio-vasculaires, respiratoires…

Outre notre santé physique, c'est aussi notre équilibre mental et social qui est mis à mal. Nous évoluons dans une société qui valorise la minceur parfois jusqu'à l'extrême et voue un véritable culte à la beauté et à l'éternelle jeunesse. Être obèse aujourd'hui est vécu comme un véritable handicap. Pourtant, chaque individu possède sa définition personnelle et subjective du poids « souhaitable ». Il faut faire une différence entre le poids dit « de forme » et celui désiré, souvent influencé par les critères de mode, d'ailleurs non sans risque, car nous constatons une augmentation croissance de troubles – plus ou moins conséquents – du comportement alimentaire.

Changer ses rapports avec la nourriture et adopter une philosophie de gestion alimentaire et pondérale au long court me semble être la seule entreprise valable pour perdre du poids sans risque. Apprendre à prévenir le surpoids, respecter quelques règles élémentaires d'hygiène alimentaire, cuisiner gourmand et léger, tels sont les propos de cet ouvrage qui s'efforce de vous apporter quelques éléments de réponse pour vous guider vers votre poids de « forme » (qui n'est pas nécessairement le poids idéal !).

Plus de 150 recettes minceur, répertoriées par thème, ont été pensées pour rompre avec la monotonie des régimes « suppressifs », traditionnellement source d'échec. Ainsi, vous découvrirez avec étonnement que les féculents ou les sandwichs peuvent entrer dans la composition d'un menu équilibré. Vous égayerez une soirée entre amis en leur proposant un apéritif et des amuse-gueule originaux et légers. Vous régalerez votre famille et disposerez d'une palette de desserts à faire fondre les plus gourmands. Il ne vous reste plus qu'à parcourir les pages de cet ouvrage et vous faire plaisir !

Apprenez à prévenir le surpoids

Généralement, on se focalise sur l'apport énergétique des aliments. Il ne faut pourtant pas oublier que, le plus souvent, c'est le déséquilibre qualitatif qui déstabilise le poids. Raisonner quantitativement est insuffisant : les nutriments (protides, lipides, glucides) sont absorbés différemment et n'ont pas les mêmes fonctions dans l'organisme. Équilibrer son alimentation reste le meilleur gage pour préserver son poids de forme. L'équilibre repose sur la variété des choix. Chaque aliment, par son apport spécifique en nutriments, contribue à la couverture de nos besoins nutritionnels. Seul l'excès est préjudiciable au bon fonctionnement de notre organisme. Il est donc préférable d'adopter un rythme de 3 repas principaux + 1 ou 2 collations par jour.

Les erreurs à éviter

- Sauter un repas : c'est créer un déséquilibre qui aura pour conséquence la survenue de fringales entraînant grignotages et surconsommation alimentaire incontrôlés.
- Supprimer un aliment ou un groupe alimentaire. Bannir les féculents et les corps gras de son alimen-

tation, même si l'on souhaite perdre du poids, n'est jamais un bon calcul.

Remarquez que les produits allégés peuvent constituer une aide utile dans un programme d'amaigrissement et dans celui du maintien du poids corporel.

Les conseils à suivre

• Grignoter continuellement entre les repas.
• Choisissez un lait demi-écrémé ou écrémé en remplacement du lait entier. Ils contiennent autant de calcium et de protéines !
• Optez pour des fromages à teneur réduite en lipides.
• Remplacez la crème fraîche traditionnelle (30 % MG) par de la crème légère à 8 ou 15 % MG.
• Utilisez préférentiellement du beurre et de la margarine allégés (entre 25 à 41 % MG).
• L'édulcorant entre dans la composition de nombreux produits et constitue une alternative aux aliments sucrés (boissons « light », desserts lactés édulcorés, par exemple).

Équilibrez votre alimentation

Selon les classifications, les aliments sont réperto-

Groupes alimentaires	Nutriments	Rôles
Produits de boucherie, charcuterie, triperie, volailles, produits de la pêche et œufs	- protéines - lipides - fer	- croissance et entretien des tissus - source d'énergie
Produits laitiers	- protéines - lipides - calcium	- croissance - source d'énergie - calcification des os et des dents
Graisses d'origines animale et végétale	- acides gras essentiels - vitamines A et E	- source d'énergie - précurseurs de nombreuses hormones - composants des membranes cellulaires
Fruits et légumes crus et cuits	- glucides - fibres - vitamine C - sels minéraux	- source d'énergie - favorise le transit intestinal
Farineux et produits sucrés	- glucides - protéines (pour les farineux) - fibres - sels minéraux	- source d'énergie - croissance - favorise le transit intestinal
Boissons	- eau - glucides - vitamines et minéraux	- hydratation de l'organisme

riés en 6 ou 7 groupes en fonction de leur apport spécifique en nutriments :
Dans le cadre d'une alimentation équilibrée, il est conseillé de consommer :

- Un **produit laitier**, sous la forme souhaitée, à chaque repas. Si vous désirez perdre du poids, limitez votre apport à une portion de fromage par jour.
- De la **viande**, du **poisson** ou des **œufs** au minimum une fois par jour. Si vous avez du cholestérol, limitez votre prise alimentaire à 2 œufs par semaine.
- Un **fruit** ou un **légume** cru à chaque repas et une portion de légumes cuits chaque jour.
- Des **corps gras** tous les jours en petites quantités et en variant l'origine (huile, beurre, margarine…).
- Un plat de pâtes, de riz, de semoule, de blé, de pommes de terre ou de légumes secs chaque jour. Sans oublier **le pain** à chaque repas !
- De **l'eau** à raison de 1,5 litre par jour sous la forme souhaitée (eau, tisane, infusion, thé, bouillon de légumes…).

L'utilisation des équivalences reste le moyen le plus efficace pour mener à terme votre entreprise et stabiliser votre poids. Elles se réalisent au sein d'un même groupe. Variez votre alimentation en remplaçant :

100 g de viande par :
- 2 œufs
- 150 g de poisson (100 g de filet)
- 2 tranches de jambon dégraissé ou de blanc de volaille (préemballées sous-vide)
- 100 g d'abats
- 100 g de crustacés décortiqués
- 1/2 litre de moules
- 200 g de fromage blanc

100 g de féculents cuits par :
- 100 g de pâtes, riz, semoule ou blé cuits
- 100 g de pommes de terre cuites
- 80 g de légumes secs cuits
- 50 g de pain
- 3 biscottes
- 30 g de céréales

1 verre de lait par :
- 1 yaourt (125 g l'unité)
- 2 petits-suisses (30 g l'unité)

- 100 g de fromage blanc
- 30 g de fromage

1 cuillerée à soupe d'huile par :
- 2 cuillerées à soupe de vinaigrette
- 15 g de beurre ou de margarine
- 1 cuillerée à soupe de crème fraîche (2 pour la crème allégée à 15 % MG)
- 25 g de gruyère râpé
- 1 cuillerée à soupe de mayonnaise

1 fruit moyen (pomme, poire, orange...) par :
- 2 mandarines
- 3 abricots
- 200 g de fruits rouges
- 200 g d'ananas
- 300 g de melon ou de pastèque
- 1/2 pamplemousse
- 12 cerises ou mirabelles

Et n'oubliez jamais que le repas est un instant privilégié de convivialité autour du plaisir de la table.

LES COCKTAILS

•

L'ABRICOTINE

Réalisation Dénoyautez
3 abricots et passez la chair au
mixeur avec 50 cl de lait
écrémé. Ajoutez de l'édulcorant à votre convenance.
Saupoudrez d'une cuillerée à

2 verres	115 cal./p

Source de
provitamine A
(carotènes) et
de fibres.

soupe d'amandes en poudre et ajoutez 10 cl de
jus de carotte. Mélangez et servez sur de la glace
pilée.

L'ALIZÉ

1 verre **74 cal./p**

Source de vitamine C, de carotène, de potassium et sodium.

Réalisation Passez à la centrifugeuse 5 cl de jus de tomate, 100 g d'ananas en morceaux, 100 g de jus de fenouil cru et une pincée de poivre. Ajoutez 1 cuillerée de jus de citron et un peu d'eau. Mixez, filtrez et servez sur de la glace pilée.

LE CIDRIER

1 verre **105 cal./p**

Source de carotène, de vitamine C et d'alcool.

Réalisation Passez au mixeur 10 cl de jus de carotte, 100 g de melon et 3 cuillerées à soupe de framboises. Filtrez et ajoutez de l'édulcorant à votre convenance. Mettez 2 ou 3 cubes de glace dans un grand verre, ajoutez le jus précédemment obtenu et 5 cl de cidre doux.

LA DÉSIRADE

Réalisation Passez au mixeur 4 fruits de la passion pelés avec 1 sachet de sucre vanillé. Extrayez le jus de 2 mandarines et de 1/2 pamplemousse rose. Incorporez-le au mélange précédent, ajoutez un peu d'édulcorant et servez aussitôt.

2 verres **121 cal./p**

Source de vitamine C.

LE FRAPPÉ À LA FRAISE

Réalisation Passez 200 g de fraises au mixeur avec 10 cl de lait écrémé. Ajoutez 1 pincée de cannelle en poudre et de l'édulcorant. Servez sur de la glace pilée et garnissez d'une brochette de fruits composée de 1 fraise et 1 feuille de menthe sur une pique en bois.

2 verres **52 cal./p**

Source de vitamine C et de calcium.

L'IRIS

1 verre 68 cal./p

Source de vitamine C

Réalisation Versez dans l'ordre 2 cl de sirop d'orgeat, 3 cl de citron vert pressé et 15 cl de Schweppes light. Ajoutez 2 ou 3 cubes de glace, garnissez d'un quartier de citron et d'une cerise confite.

LE SMITH

2 verres 120 cal./p

Source de vitamine C, de potassium, de calcium et de vitamines du groupe B.

Réalisation Passez à la centrifugeuse 1 pomme verte, quelques feuilles de menthe fraîche et le jus de 2 oranges sanguines. Servez sur de la glace pilée.

LE VULCANO

Réalisation Mélangez 10 cl de jus de carotte et la pulpe d'un fruit de la passion. Passez au mixeur 5 fraises équeutées avec 3 ou 4 cubes de glace et de l'édulcorant en poudre. Ajoutez au mélange précédent. Filtrez le jus, ajoutez 5 cl de lait écrémé et servez.

1 verre 118 cal./p

Source de vitamine C, de carotène et de calcium.

LE ZOÉ

Réalisation Râpez le zeste d'une orange et plongez-le dans 10 cl d'eau bouillante. Couvrez et laissez infuser quelques minutes. Retirez le zeste et conservez l'eau parfumée. Passez au mixeur 40 g d'ananas en morceaux et une pêche jaune pelée et dénoyautée. Ajoutez 1/2 yaourt bulgare, 5 cl d'infusion à l'orange et 2 cuillerées à café d'édulcorant en poudre. Mixez à nouveau puis filtrez à travers une passoire et servez.

1 verre 123 cal./p

Source de provitamine A, de vitamine C et de calcium.

L'AGRUMELLE

1 verre 95 cal./p

Source de vitamine C et de carotène.

Réalisation Versez dans un grand verre à jus de fruits 5 cl de nectar d'abricot et autant de jus de pamplemousse. Ajoutez 3 cl de jus d'orange et 3 cl de jus de citron. Mélangez et versez 1 cl de sirop de pêches. Servez bien frais.

LES AMUSE-GUEULE

•

DIABLOTINS AU ROQUEFORT

Réalisation Préchauffez le four à 160 °C (th. 4). Mélangez les deux fromages dans une jatte. Pilez les cerneaux de noix. Ajoutez-les aux fromages, puis ajoutez la sauce Worcestershire et poivrez légèrement. Tartinez les crackers avec ce mélange et passez-les au four pendant 5 minutes.

4 pers.	78 cal./p

- 12 crackers
- 2 carrés demi-sel
- 20 g de roquefort
- 8 cerneaux de noix
- 1 c. à soupe de sauce Worcestershire
- Poivre du moulin

CANAPÉS AU STEAK TARTARE

4 pers. **208 cal./p**

- 8 tranches de pain de mie rondes
- 50 g de viande de bœuf hachée à 5 % MG
- 1 c. à soupe de câpres
- 2 cornichons
- 4 filets d'anchois
- 2 c. à soupe de ketchup
- 2 brins de ciboulette
- Sel, poivre

Réalisation Faites griller les tranches de pain de mie dans un grille-pain. Émincez finement les câpres et les cornichons. Salez modérément la viande, poivrez-la, mélangez et incorporez le hachis de condiments. Tartinez les toasts de ketchup. Façonnez des boulettes de viande à l'aide d'une petite cuillère et déposez-en une au centre de chacun des toasts. Étalez-les avec le dos de la cuillère. Coupez les filets d'anchois en deux dans le sens de la longueur et enroulez-les sur eux-mêmes. Sur chacune des tranches de pain de mie, déposez 2 roulades d'anchois et un brin de ciboulette. Réservez au frais jusqu'au moment de servir.

CRACKERS AUX ASPERGES

Réalisation Faites cuire les asperges dans de l'eau bouillante salée pendant 10 minutes environ. Égouttez-les et laissez-les refroidir. Ne conservez que les pointes (5 cm environ). Coupez les tomates en deux, assaisonnez-les et versez dessus l'huile d'olive. Réservez-les au frais. Râpez le zeste de l'orange et extrayez le jus de celle-ci. Ajoutez-les au fromage blanc et mélangez. Confectionnez les canapés : déposez sur chaque cracker quelques pointes d'asperge, deux demi-tomates cerise, le fromage blanc à l'orange à l'aide d'une poche à douille et garnissez d'œufs de lump. Présentez-les sur un plat de service et servez bien frais.

4 pers. 115 cal./p

- 8 crackers
- 8 tomates cerise
- 200 g d'asperges vertes
- 2 c. à soupe d'huile d'olive
- 1 orange
- 2 c. à soupe d'œufs de lump
- 200 g de fromage blanc à 0 % MG
- Sel, poivre en grains

CHÈVRE GRILLÉ SUR FOND D'ARTICHAUT

4 pers.	163 cal./p

• 12 fonds d'artichauts
• 80 g de chèvre frais
• 1/2 bouquet de ciboulette
• 1 c. à soupe d'huile d'olive
• 1/2 citron

Réalisation Préchauffez le four à 180 °C (th. 6). Portez 50 cl d'eau additionnée du jus du citron à ébullition et plongez-y les fonds d'artichauts. Laissez-les cuire pendant 10 minutes environ. Vérifiez la cuisson avec la pointe d'un couteau. Égouttez-les et disposez-les sur une grille. Détaillez le chèvre en tranches fines et régulières et garnissez-en chaque fond d'artichaut. Versez un filet d'huile et parsemez de ciboulette ciselée. Enfournez les fonds d'artichauts quelques minutes et laissez fondre le fromage. Servez aussitôt.

ENDIVES EN BARQUETTE

Réalisation Retirez les feuilles extérieures des endives si elles sont flétries, ainsi que le cône amer à la base de chaque endive. Séparez les feuilles et ne conservez que les plus grandes. Dans une jatte, mélangez la mayonnaise, le concentré de tomate et ajoutez le jus de citron. Assaisonnez à votre convenance. Ajoutez le riz, les crevettes cuites et le thon émietté. Réalisez des rosettes de tomate : avec un couteau bien aiguisé, pelez la tomate comme s'il s'agissait d'une pomme. Enroulez la peau en formant une rose. *Préparez les barquettes :* remplissez les feuilles d'endives avec la salade de riz. Décorez avec une rosette et un brin de persil plat. Disposez-les sur un plat de service et réservez-les au réfrigérateur jusqu'au moment de servir.

4 pers.	210 cal./p

- 2 endives
- 100 g de thon en conserve au naturel
- 100 g de crevettes roses décortiquées
- 200 g de riz cuit
- 2 c. à soupe de jus de citron
- 2 c. à soupe de mayonnaise
- 2 c. à soupe de concentré de tomate
- 4 tomates
- Persil plat
- Sel, poivre

MINI-TARTELETTES VARIÉES

6 pers. **145 cal./p**

Pour la pâte :
- 100 g de farine
- 50 g de beurre allégé
- 1 jaune d'œuf
- 1 c. à soupe d'édulcorant
- Sel

Pour la garniture :
- 2 œufs
- 100 g de crème à 8 % MG
- 1 tranche de jambon
- 50 g de crevettes roses décortiquées
- 50 g de chair de crabe
- 50 g de pointes d'asperge
- 4 tomates cerise
- Quelques brins d'aneth
- Persil plat
- Paprika en poudre
- Sel, poivre

Réalisation *Confectionnez la pâte :* mélangez tous les ingrédients, formez une boule et laissez reposer au frais pendant 1 heure. Fouettez les œufs et la crème fraîche dans une jatte. Salez et poivrez légèrement. Abaissez la pâte et garnissez des petits moules à tartelettes. Répartissez dans les croûtes du jambon haché menu, des queues de crevette, de la chair de crabe et des pointes d'asperge. Versez le mélange œuf-crème sur les garnitures pour remplir les croûtes. Décorez avec de l'aneth frais, du persil plat, du paprika en poudre ou une rondelle de tomate. Faites cuire les tartelettes 10 minutes à four chaud. Servez chaud sur un plat de service.

ŒUFS FARCIS

Réalisation Préchauffez le gril du four. Faites cuire les œufs pendant 10 minutes dans de l'eau bouillante salée. Égouttez-les et écalez-les. Coupez-les en deux dans le sens de la longueur et laissez-les refroidir. Coupez le poivron en deux. Ôtez le pédoncule, débarrassez-le des parties blanches et des graines. Passez-le sous le gril du four jusqu'à ce que la peau se boursoufle et devienne noire. Pelez-le et réalisez des motifs à l'emporte-pièce. Enlevez le jaune d'œuf et passez-le au mixeur avec le beurre et les filets d'anchois. Ajoutez du persil ciselé. Remplissez les moitiés de blancs d'œufs avec cette farce à l'aide d'une poche à douille. Décorez les œufs avec les épis de maïs coupés en quatre et le poivron.

4 pers.	140 cal./p

- 4 œufs
- 20 g de beurre
- 4 filets d'anchois
- 4 épis de maïs
- 1 poivron rouge
- Persil frisé
- Sel, poivre de Cayenne

ROULADES D'ANANAS

4 pers. 61 cal./p

- 4 rondelles d'ananas en conserve
- 12 tranches fines de bacon
- Paprika en poudre

Réalisation Coupez les rondelles d'ananas en 6 morceaux de même dimension. Coupez les tranches de bacon en deux. Préparez les roulades : enveloppez chaque morceau d'ananas dans le bacon et maintenez les roulades avec une pique en bois. Saupoudrez de paprika. Posez-les sur un gril et laissez-les dorer quelques minutes. Retournez-les et servez-les croustillantes et bien chaudes.

TARTINES DE SAUMON FUMÉ AU FROMAGE BLANC

Réalisation Faites cuire les œufs pendant 10 minutes dans de l'eau bouillante vinaigrée. Égouttez-les, rincez-les à l'eau froide et laissez-les refroidir. Écalez-les et ne conservez que le blanc. Découpez le saumon en fines lanières. Rincez le concombre à l'eau courante et coupez-le en fines lamelles sans le peler. Hachez les blancs d'œufs durs et mélangez-les au fromage blanc et au jus du demi-citron. Assaisonnez à votre convenance. Coupez 8 tranches de baguette et faites-les griller. Tartinez-les de fromage blanc, recouvrez de rondelles de concombre et de lanières de saumon. Servez aussitôt.

4 pers.	214 cal./p

- 1/2 baguette de campagne ou aux céréales
- 4 tranches fines de saumon fumé
- 2 œufs durs (uniquement le blanc)
- 1 concombre
- 1/2 citron vert
- 150 g de faisselle
- 1 c. à café de vinaigre
- Sel, poivre du moulin

TOMATES CERISE AU BLEU

4 pers. | 82 cal./p

- 8 tomates cerise
- 1 œuf dur
- 50 g de fromage à pâte persillée (roquefort, bleu de Bresse...)
- 1 c. à soupe de crème fraîche légère
- 1 c. à soupe de raisins de Corinthe
- Quelques brins de ciboulette
- Sel, poivre

Réalisation Coupez les tomates en deux et évidez l'intérieur sans percer la peau. Mélangez dans un bol le fromage avec l'œuf dur écrasé. Incorporez la crème fraîche, la ciboulette ciselée, une pincée de sel et du poivre. Ajoutez les raisins de Corinthe et mélangez. Garnissez les tomates de cette farce à l'aide d'une poche à douille. Servez frais.

LES ENTRÉES CHAUDES

•

CREVETTES FLAMBÉES AU WHISKY

Réalisation Pelez et émincez les échalotes. Décortiquez les crevettes en conservant la nageoire caudale (la queue). Faites fondre le beurre dans une sauteuse et laissez dorer les échalotes quelques minutes. Ajoutez les crevettes. Versez l'alcool et faites flamber. Déglacez la poêle avec la crème fraîche, salez et poivrez à votre convenance. Réduisez le feu et laissez mijoter 2 à 3 minutes supplémentaires. Servez bien chaud.

4 pers.	**234 cal./p**

- 400 g de grosses crevettes
- 2 c. à soupe de whisky
- 2 c. à soupe de crème fraîche à 8 % MG
- 40 g de beurre
- 4 échalotes
- Sel, poivre

VELOUTÉ D'ASPERGES VERTES

4 pers. **93 cal./p**

- 600 g d'asperges vertes
- 1 gros oignon
- 50 cl de bouillon de volaille dégraissé
- 2 c. à soupe de crème fraîche à 8 % MG
- 10 g de beurre
- 1 brin d'estragon
- Sel, poivre

Réalisation Épluchez les asperges et coupez le bout du pied à 2 ou 3 cm. Réservez quelques pointes pour la décoration et détaillez le reste en rondelles. Pelez et émincez l'oignon. Faites fondre le beurre dans une sauteuse et plongez-y les légumes. Salez modérément et laissez cuire sur feu très doux pendant 5 minutes. Mouillez avec le bouillon de volaille et prolongez la cuisson de 5 minutes. Retirez les pointes d'asperge et réservez-les au chaud. Laissez cuire le reste des légumes encore 15 minutes. Passez les légumes et le bouillon au mixeur. Replacez sur le feu et incorporez la crème fraîche. Laissez épaissir le velouté et répartissez-le ensuite dans des bols individuels. Décorez de pointes d'asperge et d'estragon ciselé.

GRATIN DE QUEUES D'ÉCREVISSES

Réalisation *Préparez le court-bouillon :* épluchez l'oignon et la carotte et détaillez-les en rondelles. Dans une cocotte, versez le vin, les aromates et les légumes émincés. Portez à ébullition et laissez frémir 15 minutes. Jetez les écrevisses dans le bouillon et laissez-les cuire 5 minutes. Passez-les sous l'eau froide et décortiquez-les. Préchauffez le gril du four. Faites fondre le beurre dans une sauteuse et jetez-y les écrevisses. Lorsqu'elles sont dorées, arrosez-les de cognac et flambez-les.

4 pers.	226 cal./p

- 20 écrevisses
- 4 œufs
- 10 g de beurre
- 4 c. à soupe de crème fraîche à 8 % MG
- 2 c. à soupe de cognac
- Sel, poivre

Pour le court-bouillon
- 20 cl de vin blanc
- 1 carotte
- 1 oignon
- Thym
- Sel, poivre

Déglacez la poêle avec la crème fraîche puis ajoutez les œufs battus. Assaisonnez à votre convenance et arrêtez la cuisson. Répartissez la préparation dans 4 plats à gratin et passez-les sous le gril pour les faire gratiner. Servez bien chaud.

MILLEFEUILLE D'AUBERGINES

4 pers.	137 cal./p

- 4 aubergines
- 100 g de chèvre frais
- 100 g de mozzarella allégée
- 400 g de tomates pelées
- 10 g de beurre
- 4 c. à soupe d'huile d'olive
- Basilic frais
- Origan
- Sel, poivre

Réalisation Coupez les extrémités des aubergines et, sans les peler, coupez-les en tranches régulières dans le sens de la longueur. Dans une sauteuse assez grande, faites revenir les aubergines sur les deux faces dans de l'huile d'olive bien chaude. Épongez-les sur du papier absorbant avant de les assaisonner. Écrasez le fromage de chèvre frais et le basilic ciselé dans une jatte et poivrez légèrement. Préchauffez le four à 180 °C (th. 6). Réduisez les tomates en purée, assaisonnez et ajoutez l'origan. Coupez la mozzarella en fines rondelles. Confectionnez le millefeuille : chemisez le fond et les parois d'un moule à cake beurré avec les tranches d'aubergines. Tartinez-les d'une couche de purée de tomates, de mozzarella et de chèvre frais. Alternez les ingrédients jusqu'à épuisement en terminant par une couche d'aubergines. Faites cuire pendant 40 minutes, sortez du four et laissez refroidir. Placez au réfrigérateur jusqu'au moment de servir. Démoulez le millefeuille et décorez de quelques feuilles de basilic frais.

VELOUTÉ AUX HERBES

Réalisation Pelez et émincez finement les ciboules, les oignons et l'ail. Épluchez les pommes de terre, lavez-les et détaillez-les en petits cubes. Faites fondre le beurre dans une casserole et faites-y dorer les légumes, puis mouillez avec le bouillon. Réduisez le feu et laissez cuire à couvert pendant 20 minutes environ. Ciselez les herbes et incorporez-les au potage. Assaisonnez. Versez le velouté dans une soupière et incorporez la crème. Décorez de quelques brins de persil et servez.

4 pers. 162 cal./p

- 2 pommes de terre moyennes à chair farineuse
- 1 bouquet d'herbes fraîches (persil, ciboulette, cerfeuil...)
- 10 g de beurre
- 4 oignons blancs
- Quelques ciboules
- 1 gousse d'ail
- 1 litre de bouillon de légumes
- 2 c. à soupe de crème à 8 % MG
- Sel, poivre

PROFITEROLES AU CHÈVRE FRAIS

4 pers. 154 cal./p

Pour la pâte :
• 30 g de beurre
• 70 g de farine
• 2 œufs
• 1 pincée de sel
Pour la garniture :
• 150 g de chèvre frais
• Quelques feuilles
de basilic frais
• 1 c. à café d'huile
d'olive
• Poivre

Réalisation *Confectionnez la pâte à choux :* versez dans une casserole 12 cl d'eau, le beurre coupé en morceaux et le sel. Portez à ébullition. Lorsque l'eau bout, versez la farine en une fois sans cesser de remuer énergiquement. Une boule de pâte va se former et se détacher progressivement des parois de la casserole. À ce moment, ajoutez hors du feu les œufs entiers un à un. Préchauffez le four à 210 °C (th. 7). Formez des petits choux avec une poche à douille et faites-les cuire 15 à 20 minutes à four chaud. Pendant ce temps, écrasez le chèvre à la fourchette et poivrez-le. Ajoutez l'huile d'olive et le basilic ciselé (réservez-en quelques feuilles entières). Laissez refroidir les choux puis farcissez-les de chèvre en les incisant sur le côté. Servez sur un plat de service et décorez de feuilles de basilic entières.

SCAMPIS FLAMBÉS À L'ANIS

Réalisation Plongez les scampi dans une casserole d'eau bouillante salée et laissez-les dans l'eau frémissante pendant 5 minutes environ. Égouttez-les, laissez-les tiédir et décortiquez-les. Faites fondre le beurre dans une poêle antiadhésive et faites-y dorer les langoustines. Déglacez avec le pastis et flambez. Réservez les scampi au chaud. Pelez et hachez la gousse d'ail et les oignons. Pelez les tomates, épépinez-les et détaillez-les en petits cubes. Faites fondre tous les légumes dans le jus de cuisson des crustacés. Ajoutez la crème fraîche, assaisonnez, ajoutez l'anis et le jus de citron et mélangez. Laissez cuire quelques minutes. Réchauffez les scampi dans cette sauce et servez aussitôt.

4 pers.	138 cal./p

- 16 scampi (langoustines)
- 2 tomates
- 2 oignons blancs
- 1 gousse d'ail
- 10 g de beurre
- 4 cl de pastis
- 1 c. à soupe de jus de citron
- 4 c. à soupe de crème à 8 % MG
- 1 pincée d'anis en poudre
- Sel, poivre du moulin

SOUFFLÉ AUX ÉPINARDS

4 pers. 200 cal./p

- 800 g d'épinards hachés surgelés
- 4 échalotes
- 40 g de parmesan râpé
- 2 œufs
- 20 g de beurre
- 100 ml de lait écrémé
- 1 c. à soupe de jus de citron
- 2 c. à soupe de farine
- Muscade en poudre
- Sel, poivre

Réalisation *Préparez une béchamel :* faites fondre le beurre et ajoutez-y la farine. Versez peu à peu le lait sans cesser de remuer. Portez à ébullition jusqu'à épaississement. Arrêtez la cuisson, assaisonnez et saupoudrez de muscade. Incorporez le parmesan. Faites fondre les épinards dans une casserole à revêtement anti-adhésif. Incorporez la purée d'épinards à la béchamel. Préchauffez le four à 210 °C (th. 7). Séparez les blancs des jaunes d'œufs. Montez les blancs en neige ferme. Incorporez les jaunes un à un à la préparation aux épinards. Puis ajoutez-y délicatement les blancs. Versez l'appareil à soufflé dans 4 ramequins individuels tapissés de papier sulfurisé. Faites cuire pendant 25 minutes sans jamais ouvrir le four. Servez aussitôt.

TARTELETTES AUX LÉGUMES

Réalisation Confectionnez une pâte brisée en travaillant la farine, le beurre ramolli, du sel et un œuf. Faites une boule et laissez reposer 1 heure. *Préparez les légumes :* lavez-les, coupez-les en bouquets (brocoli, chou-fleur…), en quartiers (tomates), en rondelles (courgettes) et faites-les blanchir quelques minutes dans de l'eau bouillante légèrement salée. Préchauffez le four à 210 °C (th. 7). Abaissez la pâte et découpez 4 disques assez grands pour tapisser 4 moules à tartelettes. Piquez la pâte avec une fourchette et faites-la cuire à blanc au four pendant 10 minutes. Battez les œufs restants avec la crème fraîche, salez et poivrez. Déposez les légumes sur les fonds de tarte et couvrez avec l'appareil aux œufs. Faites cuire au four pendant 15 minutes supplémentaires. Démoulez les tartelettes et servez.

4 pers.	248 cal./p

- 500 g de légumes (bouquets de brocolis, pointes d'asperge, tomates cerise…)
- 3 œufs
- 100 g de farine
- 4 c. à soupe de crème à 8 % MG
- 30 g de beurre
- 1 c. à café d'huile
- Sel, poivre

CASSOLETTES D'ESCARGOTS

4 pers. 160 cal./p

- 2 douzaines d'escargots en conserve
- 200 g de girolles
- 1 gousse d'ail
- 1 échalote
- 20 g de beurre
- 3 c. à soupe de crème fraîche légère
- 15 cl de vin blanc
- 4 tranches rondes de pain de mie de campagne
- Sel, poivre

Réalisation Égouttez les escargots. Nettoyez les girolles avec un linge fin sans les passer sous l'eau. Pelez et hachez l'ail et l'échalote. Faites fondre le beurre dans une sauteuse et laissez dorer les champignons, l'ail et l'échalote. Ajoutez ensuite les escargots et mélangez. Mouillez avec le vin blanc, portez à ébullition puis laissez mijoter à découvert pendant 8 à 10 minutes. Ajoutez la crème fraîche et prolongez la cuisson 5 minutes environ. Faites dorer les tranches de pain de mie au grille-pain. Répartissez la préparation sur le pain et servez aussitôt.

LES ENTRÉES FROIDES

•

ARTICHAUTS À LA ROMAINE

Réalisation Détachez les feuilles externes dures des artichauts et coupez les autres à mi-hauteur. Ôtez les feuilles du cœur et, à l'aide d'une petite cuillère, décollez le foin qui adhère au fond. Lavez et hachez les herbes, pelez et écrasez l'ail. Mélangez le hachis avec la chapelure et assaisonnez-le. Farcissez les artichauts et ficelez-les pour maintenir la farce en place. Disposez-les dans une cocotte, arrosez-les d'huile d'olive, mouillez avec le vin et 15 cl d'eau. Fermez hermétiquement et laissez cuire à feu doux pendant 45 minutes. Laissez refroidir et servez.

4 pers.	162 cal./p

- 4 artichauts
- 3 gousses d'ail
- 2 c. à soupe de chapelure
- 20 cl de vin blanc
- 2 c. à soupe d'huile
- Herbes aromatiques (feuilles de menthe fraîche et persil plat)
- Sel, poivre

FLANS DE CONCOMBRE

4 pers. | 127 cal./p

- 1 concombre
- 4 œufs
- 20 cl de lait écrémé
- 40 g de gruyère râpé allégé
- Sel, poivre du moulin

Réalisation Épluchez et épépinez le concombre. Coupez-le en dés et faites-les blanchir 5 minutes dans de l'eau bouillante légèrement salée. Égouttez-les et essorez-les dans du papier absorbant. Passez-les au mixeur jusqu'à obtenir une purée homogène. Préchauffez le four à 210 °C (th. 7). Battez les œufs en omelette, salez et poivrez. Ajoutez le lait, le fromage et la purée de concombre. Versez cette préparation dans 4 ramequins individuels tapissés de papier sulfurisé et faites-les cuire au four au bain-marie pendant 25 minutes. Servez-les froids.

GASPACHO ANDALOU

Réalisation Coupez les tomates en morceaux. Pelez le concombre et détaillez-le en petits cubes. Ébouillantez les poivrons, pelez-les, débarrassez-les des parties blanches et du pédoncule, égrainez-les et hachez-les. Épluchez l'oignon et l'ail et hachez-les. Réunissez tous ces légumes dans le bol du mixeur, ajoutez le concentré de tomate, le jus du citron, les herbes aromatiques ciselées, le vinaigre et 1 litre d'eau et réduisez-les en purée. Ajoutez l'huile d'olive, mélangez et rectifiez l'assaisonnement. Placez le gaspacho au réfrigérateur pendant au moins 2 heures avant de le servir dans des assiettes à potage.

4 pers. **106 cal./p**

- 400 g de tomates pelées en conserve
- 1/2 concombre
- 2 poivrons
- 1 oignon
- 1 gousse d'ail
- 1 c. à soupe de concentré de tomate
- Thym, estragon frais
- 1 citron
- 1 c. à soupe de vinaigre
- 2 c. à soupe d'huile d'olive
- Sel, poivre

LÉGUMES CONFITS À LA GRECQUE

4 pers. **178 cal./p**

- 2 artichauts
- 200 g de chou-fleur
- 2 citrons
- 1 courgette
- 20 cl de vin blanc sec
- 4 c. à soupe d'huile d'olive
- 1 bouquet garni
- Coriandre et poivre en grains
- Sel, poivre

Réalisation *Préparez le court-bouillon :* portez 50 cl d'eau et le vin à ébullition dans une casserole avec un citron coupé en tranches, 2 cuillerées à soupe d'huile d'olive, les grains de coriandre et de poivre ainsi que le bouquet garni. Laissez bouillir pendant 20 minutes environ.

Préparez les légumes : coupez les courgettes non pelées en rondelles, séparez le chou-fleur en bouquets, pressez le jus du citron restant, coupez les artichauts en quatre et citronnez-les. Plongez les légumes dans le bouillon, réduisez le feu et prolongez la cuisson de 15 minutes. Laissez refroidir et placez les légumes dans leur jus au réfrigérateur pendant 1 heure au moins. Servez les légumes égouttés, arrosés d'un filet d'huile d'olive.

SALADE D'AVOCAT AU MIEL

Réalisation Épluchez les avocats, coupez-les en tranches et arrosez-les du jus du citron. Disposez les tranches en corolle sur 4 assiettes de service. Mélangez dans un bol le jus des oranges, le miel et les cerneaux de noix préalablement concassés. Versez cette préparation sur l'avocat et réservez au réfrigérateur jusqu'au moment de servir.

4 pers. 230 cal./p
• 2 avocats
• 1 citron
• 2 oranges
• 2 c. à soupe de miel
• 2 c. à soupe de cerneaux de noix

SALADE D'ÉCREVISSES AUX LÉGUMES CROQUANTS

4 pers. | **95 cal./p**

- 1 kg d'écrevisses
- 100 g d'épinards en branches
- 200 g de champignons de Paris
- 2 tomates
- 100 g de cœurs de palmier en conserve
- 1/2 citron
- 4 c. à soupe de yaourt maigre
- 1 c. à café de moutarde à l'ancienne
- Persil
- Sel, poivre

Réalisation Faites cuire les écrevisses à la vapeur pendant 5 à 8 minutes. Laissez-les tiédir et décortiquez-les. Équeutez, rincez et essuyez les épinards. Coupez les pieds des champignons, lavez-les et émincez-les. Arrosez-les de jus de citron. Rincez les tomates et coupez-les en petits dés. Détaillez les cœurs de palmier en morceaux.

Préparez les assiettes : disposez quelques feuilles d'épinards en corolle au centre de chaque assiette puis tous les autres légumes et les écrevisses. Placez au réfrigérateur. Mélangez dans un bol la moutarde et le jus de citron restant. Incorporez le yaourt et le persil ciselé. Salez et poivrez. Répartissez la sauce sur les assiettes et servez aussitôt.

TARTINES AUX RADIS

Réalisation Faites durcir les œufs pendant 10 minutes dans de l'eau bouillante salée. Rafraîchissez-les, écalez-les et coupez-les en rondelles. Nettoyez les radis et détaillez-les en rondelles. Écrasez le fromage à la fourchette et saupoudrez-le de paprika. Tartinez les tranches de pain avec le fromage. Garnissez-les de rondelles d'œufs durs et disposez dessus les radis en les faisant se chevaucher. Parsemez de ciboulette ciselée et servez.

4 pers. | 150 cal./p

- 1 botte de radis
- 3 œufs
- 4 portions individuelles de Saint-Moret allégé
- Paprika en poudre
- 4 tranches de pain de seigle
- Quelques brins de ciboulette
- Sel

TERRINE DE COURGETTES ET MENTHE FRAÎCHE

4 pers. | **205 cal./p**

- 6 courgettes
- 2 carottes
- 50 cl de lait écrémé
- 2 jaunes d'œufs
- 6 œufs entiers
- 50 cl de bouillon de volaille dégraissé
- 1 bouquet de menthe fraîche
- Sel, poivre

Réalisation Pelez et émincez les carottes en fines rondelles. Épluchez et coupez grossièrement les courgettes. Faites-les cuire dans le bouillon de volaille pendant 15 minutes environ. Égouttez-les et réservez-les. Écrasez les courgettes au presse-légumes et mélangez-les au lait, aux œufs et à la menthe ciselée. Salez et poivrez. Préchauffez le four à 180 °C (th. 6). Versez la moitié de l'appareil dans une terrine. À mi-hauteur, recouvrez la surface de carottes. Versez le reste de l'appareil et faites cuire au four au bain-marie pendant 45 minutes. Laissez refroidir et démoulez. Réservez au réfrigérateur jusqu'au moment de servir. Décorez avec des feuilles de menthe fraîche entières.

TERRINE DE SOLE AUX PETITS LÉGUMES

Réalisation Rincez les filets de poisson et essorez-les dans du papier absorbant. Salez et poivrez. Beurrez un moule à cake et tapissez le fond et les parois de poisson. Réservez au frais. *Préparez les légumes :* lavez et épluchez les carottes et les navets et équeutez les haricots. Coupez les carottes en bâtonnets, les haricots en tronçons et les navets en petits dés. Plongez les légumes dans 50 cl d'eau bouillante salée et laissez-les cuire pendant 10 minutes environ. Ils doivent rester croquants. Battez les œufs en omelette, assaisonnez, ajoutez les légumes et le basilic ciselé. Versez la préparation dans la terrine, couvrez et faites cuire à four moyen au bain-marie pendant 1 heure à 1 heure 15. Laissez refroidir, démoulez la terrine et réservez au réfrigérateur jusqu'au lendemain.

4 pers.	159 cal./p

- 500 g de filets de sole
- 400 g de légumes variés (haricots verts, carottes, navets...)
- Basilic frais
- 10 g de beurre
- 2 œufs
- Sel, poivre

TOMATES SOUFFLÉES AU FROMAGE

4 pers. 234 cal./p

• 4 tomates bien
mûres
• 40 g de beurre
• 3 c. à soupe de farine
• 25 cl de lait écrémé
• 2 œufs
• 80 g de gruyère
râpé allégé
• Sel, poivre

Réalisation Coupez le chapeau des tomates. Évidez-les, salez-les et retournez-les sur une grille.
Préparez une béchamel : faites fondre le beurre et ajoutez-y la farine. Versez peu à peu le lait sans cesser de remuer et assaisonnez. Hors du feu, ajoutez le fromage puis les jaunes d'œufs un à un. Battez les blancs en neige ferme et incorporez-les à la préparation précédente. Préchauffez le four à 180 °C (th. 6). Répartissez l'appareil dans les tomates évidées en les remplissant aux deux tiers. Placez les chapeaux et faites cuire au four pendant 25 minutes. Servez tiède.

LES VIANDES

•

BLANQUETTE DE DINDONNEAU AU PAPRIKA

Réalisation Détaillez les escalopes de dindonneau en lanières. Faites fondre le beurre dans une sauteuse à revêtement antiadhésif et faites-y dorer la viande sur toutes les faces. Salez, poivrez et saupoudrez de paprika. Pelez et émincez les oignons et ajoutez-les à la viande. Prolongez la cuisson quelques minutes. Mouillez avec le bouillon, ajoutez le bouquet garni et portez à ébullition. Laissez réduire de moitié et arrêtez la cuisson. Ajoutez la crème légère, rectifiez l'assaisonnement et servez aussitôt.

4 pers.	220 cal./p

- 4 escalopes de dindonneau de 120 g chacune
- 10 g de beurre
- 3 oignons
- 10 cl de bouillon de volaille dégraissé
- 1 bouquet garni
- 4 c. à soupe de crème fraîche à 8 % MG
- 1 c. à café de paprika en poudre
- Sel, poivre

CHEVREUIL À L'OSEILLE

8 pers.	192 cal./p

- 1 arrière-train de chevreuil
- 4 gousses d'ail
- 20 g de beurre
- 600 g d'oseille
- 1 jaune d'œuf
- 10 cl de bouillon de légumes
- 4 c. à soupe de crème à 8 % MG
- Sel, poivre

Réalisation Pelez les gousses d'ail et taillez-les en lamelles. Piquez la viande avec la pointe d'un couteau en autant d'endroits qu'il y a d'éclats d'ail. Glissez un éclat dans chaque fente. Faites fondre le beurre dans une cocotte et faites-y revenir le chevreuil. Équeutez, lavez et égouttez l'oseille. Retirez la viande de la cocotte et jetez-y l'oseille. Salez, poivrez et laissez étuver à couvert sur feu doux pendant 5 minutes environ. Versez le bouillon de légumes, remettez le chevreuil dans la cocotte et poursuivez la cuisson pendant 30 minutes. Dressez la viande sur un plat chaud. Délayez le jaune d'œuf avec la crème légère et versez dans la fondue d'oseille. Liez la sauce à feu doux et versez-la autour de la viande. Servez aussitôt.

ÉMINCÉ DE BŒUF AUX CIBOULES

Réalisation Détaillez le bœuf en fines lamelles. Pelez et hachez les ciboules et l'ail. Lavez et détaillez le céleri en fins tronçons. Mélangez l'huile, la sauce de soja, le vin blanc et le vinaigre dans une assiette creuse. Laissez mariner la viande pendant 15 minutes dans cette préparation. Versez la viande marinée dans une sauteuse et saisissez-la sur feu vif pendant quelques minutes. Ajoutez les légumes, saupoudrez de piment, salez et poivrez. Mélangez et pro-

4 pers.	**209 cal./p**

- 400 g de rumsteck ou de rôti de bœuf
- 200 g de ciboules
- 1 branche de céleri
- 1 gousse d'ail
- 2 c. à soupe d'huile d'olive
- 2 c. à soupe de sauce de soja
- 1 c. à soupe de vin blanc
- 1 c. à soupe de vinaigre
- Piment en poudre
- Sel, poivre

longez la cuisson pendant 2 à 3 minutes. Les légumes doivent être croquants. Servez aussitôt.

✪ **Notre suggestion :** vous pouvez réaliser cette recette dans un wok.

LAPIN AU CONCOMBRE

4 pers. | **228 cal./p**

- 4 morceaux de lapin
- 1 concombre
- 100 g d'oignons blancs
- 4 c. à soupe de crème à 8 % MG
- Herbes de Provence
- 1 c. à café de sucre semoule
- 1 c. à soupe d'huile d'olive
- Sel, poivre

Réalisation Faites chauffer l'huile dans une cocotte et laissez dorer les morceaux de lapin sur toutes les faces. Salez légèrement. Réduisez le feu et laissez cuire à couvert sur feu doux pendant 45 minutes. Coupez le concombre en deux dans le sens de la longueur. Épépinez-le puis détaillez la pulpe en bâtonnets sans le peler. Faites cuire les légumes dans une sauteuse avec le sucre, du sel, du poivre et 2 cuillerées d'eau pendant 15 minutes. Sortez le lapin de la cocotte et réservez-le au chaud. Déglacez le faitout avec la crème fraîche, portez à ébullition et laissez réduire de moitié. Incorporez les légumes et leur jus et saupoudrez d'herbes de Provence. Rectifiez l'assaisonnement si nécessaire. Servez le lapin nappé de sauce et de petits légumes.

PAVÉS DE RUMSTECK AU POIVRE VERT

Réalisation Pelez et épépinez les poivrons et les tomates et coupez-les en morceaux. Pelez et hachez l'ail et l'oignon. Faites-les dorer dans l'huile d'olive, puis ajoutez les poivrons. Laissez étuver 5 minutes en remuant régulièrement puis versez les tomates. Salez et saupoudrez de curry. Mélangez et laissez cuire 20 minutes sur feu doux. Enrobez les pavés de rumsteck de poivre concassé en le faisant bien adhérer. Salez-les et poêlez-les 2 minutes sur chaque face dans une sauteuse à revêtement antiadhésif. Réservez-les. Déglacez la poêle avec le vin blanc et laissez réduire. Ajoutez le fond de veau et laissez bouillonner 5 minutes. Versez la sauce sur la viande et servez les légumes parsemés de basilic ciselé.

4 pers. | **236 cal./p**

- 4 pavés de rumsteck de 100 g chacun
- 20 g de tomates cerise
- 2 poivrons verts
- 10 cl de vin blanc
- 15 cl de fond de veau instantané
- 2 c. à soupe d'huile d'olive
- 1 oignon
- 2 gousses d'ail
- Basilic frais
- 1 pincée de curry
- Sel, poivre concassé

PINTADE AU VINAIGRE

4 pers. **197 cal./p**

- 1 pintade de 1 à 1,2 kg
- 2 gousses d'ail
- 2 échalotes
- 2 oignons
- 1 bouquet garni
- Vinaigre de vin
- Moutarde
- Sel, poivre

Réalisation Coupez la pintade en morceaux et retirez la peau. Placez les découpes dans un saladier et recouvrez-les entièrement de vinaigre. Pelez et détaillez les échalotes et les oignons en lanières. Pelez les gousses d'ail. Ajoutez-les à la pintade ainsi que le bouquet garni. Laissez mariner une nuit au réfrigérateur. Le lendemain, préchauffez le gril du four, égouttez les morceaux de viande et essuyez-les avec du papier absorbant. Salez-les, poivrez-les et tartinez-les de moutarde. Faites-les cuire sous le gril du four pendant 15 à 20 minutes en prenant soin de les retourner régulièrement en cours de cuisson. Servez dès la sortie du four.

POULET AU CITRON VERT

Réalisation Faites dorer les morceaux de viande à blanc dans une cocotte en fonte et réservez-les. Coupez les citrons en rondelles assez fines et tapissez-en un plat à revêtement antiadhésif allant au four. Disposez le poulet sur le citron et assaisonnez-le.

4 pers.	**164 cal./p**

- 4 cuisses de poulet de 150 g chacune
- 2 citrons verts
- 3 échalotes
- Thym
- 20 cl de bouillon de volaille dégraissé
- Sel, poivre

Préchauffez le four à 210 °C (th. 7). Pelez et hachez finement les échalotes et émiettez le thym. Répartissez-les sur la viande. Mouillez avec le bouillon de volaille et faites cuire au four pendant 1 heure environ. Servez ce plat léger et parfumé avec des courgettes cuites à la vapeur ou une purée de pommes de terre et de céleri.

SAUTÉ DE VEAU AUX POIVRONS

4 pers.	221 cal./p

- 800 g d'épaule de veau
- 2 c. à soupe d'huile d'olive
- 1 poivron rouge
- 1 poivron vert
- 1 gousse d'ail
- 1 c. à soupe de farine
- 15 cl de vin blanc
- Sel, poivre

Réalisation Faites chauffer l'huile d'olive dans une cocotte et faites-y dorer, sur toutes les faces, l'épaule de veau coupée en morceaux. Pelez les poivrons, débarrassez-les de leur pédoncule et des parties blanches et épépinez-les. Détaillez-les en lanières. Pelez la gousse d'ail et écrasez-la. Ôtez la viande, réservez-la puis, à la place, faites fondre les poivrons avec l'ail écrasé. Remettez la viande sur les poivrons dorés, salez, poivrez, saupoudrez de farine et mélangez. Mouillez avec le vin blanc, couvrez et laissez mijoter sur feu doux pendant 30 à 40 minutes. Servez bien chaud.

SUPRÊMES DE VOLAILLE AUX ÉPICES

Réalisation Pressez le jus du citron. Mélangez dans une assiette la moutarde, le miel et le concentré de tomate. Ajoutez le jus du citron et 1 cuillerée d'eau. Dans une autre assiette, mélangez la chapelure, le paprika, le quatre-épices et le sel de céleri. Assaisonnez les blancs de poulet et passez-les dans la sauce moutarde puis dans la poudre d'épices. Disposez la viande ainsi enrobée sur un plat allant au four à micro-ondes. Faites-la cuire à pleine puissance pendant 10 à 15 minutes en changeant les morceaux de place à mi-cuisson. Servez aussitôt.

4 pers.	188 cal./p

- 4 blancs de poulet de 120 g chacun
- 1/2 citron vert
- 2 c. à soupe de moutarde de Dijon
- 1 c. à soupe de miel
- 1 c. à soupe de concentré de tomate
- 4 c. à soupe de chapelure
- 1 pincée de quatre-épices
- 1 pincée de paprika en poudre
- Sel de céleri
- Poivre de Cayenne

VEAU À LA FORESTIÈRE

4 pers. **241 cal./p**

- 1 rôti de veau de 1 kg
- 100 g de tomates cerise
- 1 c. à soupe d'huile
- 12 petits oignons blancs
- 1 bouquet garni
- 200 g de champignons de cueillette
- Sel, poivre

Réalisation Coupez les tomates en deux, salez-les et laissez-les dégorger à l'envers sur une grille. Pelez les oignons et conservez-les entiers. Nettoyez les champignons, coupez l'extrémité terreuse des pieds et grattez-les si nécessaire. Faites chauffer l'huile dans une cocotte et mettez-y à dorer le rôti sur toutes les faces. Retirez-le et faites blondir les oignons dans la cocotte. Ajoutez les tomates, les champignons et assaisonnez. Enfouissez la viande au milieu des légumes, ajoutez le bouquet garni et 2 cuillerées d'eau chaude. Couvrez et laissez mijoter à feu doux pendant 1 heure. À mi-cuisson, retournez le rôti. Au moment de servir, découpez la viande en tranches régulières et nappez-les de sauce.

•

CASSEROLE DE LA MER

Réalisation Rincez le poisson à l'eau courante, pelez-le et coupez-le en tronçons de taille moyenne. Pelez et hachez les échalotes. Faites chauffer l'huile dans une cocotte et placez-y le poisson. Laissez dorer les morceaux en les retournant de temps à autre. Ajoutez le coulis de tomate, les échalotes, le bouquet garni, le vin et le cognac. Salez, poivrez et laissez mijoter à feu doux pendant

4 pers.	170 cal./p

- 700 g de queue de lotte
- 2 c. à soupe d'huile
- 2 c. à soupe de coulis de tomate
- 2 échalotes
- 1 bouquet garni
- 4 cl de cognac
- 1 verre de vin blanc sec (12 cl)
- Persil
- Sel, poivre

20 minutes. Une fois la cuisson terminée, enlevez le bouquet garni et saupoudrez la casserole de persil ciselé. Servez aussitôt.

DARNES DE COLIN AUX COURGETTES

4 pers.   **205 cal./p**

- 4 darnes de colin de 150 à 200 g chacune
- 200 g de tomates pelées
- 2 courgettes
- 2 oignons
- 1 gousse d'ail
- 2 c. à soupe d'huile
- 1 c. à café de sucre semoule
- 2 c. à soupe de vinaigre
- Sel, poivre

Réalisation Pelez et hachez les oignons et la gousse d'ail. Coupez grossièrement les tomates pelées et les courgettes en rondelles. Faites chauffer 1 cuillerée d'huile et laissez dorer le hachis d'oignon et d'ail. Ajoutez les tomates, salez, poivrez et laissez fondre sur feu doux pendant 15 minutes. Préchauffez le four à 190 °C (th. 6-7). Faites précuire les rondelles de courgette dans une sauteuse avec l'huile restante pendant 5 à 8 minutes. Assaisonnez et ajoutez-les aux tomates. Ajoutez le sucre et le vinaigre et mélangez. Disposez les darnes de poisson dans un plat à four, nappez-les de sauce et enfournez-les pendant 15 à 20 minutes. Servez dans le plat de cuisson.

DAURADE AU CITRON VERT

Réalisation Lavez, essuyez et évidez la daurade. Salez et poivrez l'intérieur. Pelez l'oignon et l'ail et hachez-les finement. Ciselez le persil et mélangez-le au hachis précédent. Salez et poivrez le tout. Farcissez-en la daurade et réservez-la au réfrigérateur jusqu'au moment de la cuire. Préchauffez le four à 210 °C (th. 7). Coupez le citron en rondelles puis recoupez celles-ci en deux. Incisez le dos du poisson avec la pointe d'un couteau et insérez-y les demi-rondelles de citron. Posez la daurade dans un plat allant au four, versez dessus le vin, salez, poivrez et parsemez de petites noix de beurre. Faites cuire le poisson pendant 35 minutes. Servez dès la sortie du four.

4 pers.	178 cal./p

- 1 daurade de 1 kg
- 1 oignon
- 1 gousse d'ail
- Persil plat
- 1 citron vert
- 20 g de beurre
- 1 verre de vin blanc
- Sel, poivre

FILETS DE JULIENNE AUX AMANDES

4 pers. **188 cal./p**

- 4 filets de julienne de 120 g chacun
- 1 c. à soupe de farine de blé
- 2 c. à soupe d'amandes effilées
- 1 c. à soupe d'huile
- 1 citron
- 2 c. à soupe de crème à 8 % MG
- 1 pincée de piment de Cayenne en poudre
- Sel, poivre

Réalisation Faites dorer les amandes à blanc dans une poêle à revêtement antiadhésif. Farinez les filets de poisson et faites-les dorer dans l'huile chaude pendant 4 minutes sur chaque face. Salez et poivrez à votre convenance. Réservez le poisson en le disposant sur un plat de service chaud à l'entrée du four. Déglacez la poêle avec la crème fraîche. Laissez épaissir et colorer sans cesser de remuer. Ajoutez du sel, le piment de Cayenne et le jus du citron. Nappez le poisson de cette sauce et saupoudrez d'amandes effilées. Servez aussitôt.

LOTTE AUX FÈVES FRAÎCHES

Réalisation Pelez les fèves : dégelez-les brièvement sous l'eau chaude dans une passoire puis déchirez la peau à une extrémité en pressant l'autre entre deux doigts. Pelez et coupez les carottes en fines rondelles et épluchez les oignons. Placez dans une cocotte l'huile, les carottes et 15 cl d'eau. Couvrez et laissez cuire à feu doux pendant 5 minutes. Ajoutez les oignons et prolongez la cuisson de 5 minutes. Ajoutez enfin la lotte, les fèves, l'estragon, le jus de citron, le safran, salez et poivrez. Laissez cuire 15 minutes à feu doux et servez.

4 pers.	**194 cal./p**

- 4 tranches de lotte de 100 g chacune
- 600 g de fèves en cosses ou 250 g de fèves surgelées
- 2 carottes
- 100 g d'oignons blancs
- 2 c. à soupe de jus de citron
- 1 c. à soupe d'huile
- 1 brin d'estragon
- Safran
- Sel, poivre

MÉDAILLONS DE SOLE AUX LÉGUMES VARIÉS

4 pers.   234 cal./p

- 4 filets de sole de 100 g chacun
- 150 g de crevettes roses surgelées
- 150 g de champignons de Paris
- 2 échalotes
- 1 blanc de poireau
- 2 carottes
- 20 g de beurre
- 1 bouillon cube
- 1 verre de vin blanc sec (12 cl)
- 2 c. à soupe de crème à 8 % MG
- 1 c. à soupe de farine
- Persil
- Sel, poivre

Réalisation Coupez le blanc de poireau en julienne, épluchez et râpez les carottes. Épluchez et hachez finement les échalotes. Nettoyez les champignons et émincez-les. Tranchez les filets de sole en deux dans le sens de la longueur, enroulez-les et maintenez les paupiettes à l'aide d'un cure-dents. Faites fondre le beurre et laissez dorer le blanc de poireau émincé. Saupoudrez de farine et mélangez. Ajoutez les champignons et faites-les suer. Ajoutez le bouillon cube, mouillez avec le vin blanc et un grand verre d'eau. Laissez cuire sur feu doux à couvert pendant 20 minutes. Ajoutez enfin les carottes, les médaillons de poisson et prolongez la cuisson de

10 à 15 minutes. Au moment de servir, ajoutez les crevettes, assaisonnez et liez la sauce avec la crème fraîche et saupoudrez de persil ciselé.

MOULES AU PISTOU

Réalisation Grattez et lavez soigneusement les moules. Pelez, concassez et égrainez les tomates. Pelez et hachez l'oignon et les gousses d'ail. Faites chauffer l'huile dans une sauteuse et jetez-y tous les légumes. Salez, poivrez et laissez mijoter pendant 15 minutes environ. Versez les moules dans un faitout et mouillez-les avec

4 pers.	176 cal./p

- 1,5 litre de moules
- 3 tomates
- 1 verre de vin blanc sec
- 2 gousses d'ail
- 1 oignon
- 2 c. à soupe d'huile d'olive
- Basilic frais
- Sel, poivre

le vin blanc. Laissez-les s'ouvrir sur feu vif. Ôtez-les du feu et retirez les demi-coquilles vides. Conservez celles contenant la chair et conservez-les au chaud. Faites réduire le jus de cuisson de moitié, filtrez-le et ajoutez-le à la fondue de tomates. Ajoutez les moules, mélangez et parsemez de basilic ciselé. Servez aussitôt.

PALOURDES AUX LÉGUMES NOUVEAUX

4 pers. **120 cal./p**

- 1 kg de palourdes
- 1 courgette
- 1 aubergine
- 2 échalotes
- 2 tomates
- 2 c. à soupe de jus de citron
- 1 c. à soupe d'huile d'olive
- Thym
- Sel, poivre

Réalisation Ébouillantez les tomates quelques secondes, pelez-les, épépinez-les et détaillez-les en petits cubes. Coupez l'aubergine en petits dés sans la peler et faites-les dégorger 30 minutes dans une passoire après les avoir légèrement salés. Hachez la courgette sans la peler et rincez les palourdes à l'eau courante. Pelez et hachez grossièrement les échalotes. Faites chauffer l'huile dans une sauteuse et laissez dorer les dés de courgette et d'aubergine avec le thym émietté. Couvrez et faites cuire à l'étuvée à feu doux pendant 5 minutes. Ajoutez le jus de citron, les palourdes et poivrez légèrement. Une fois les coquilles ouvertes, ajoutez les tomates et les échalotes hachées, mélangez et servez bien chaud.

PANACHÉ DE POISSONS AU SAFRAN

Réalisation Épluchez les pommes de terre, lavez-les et coupez-les en rondelles. Émincez les blancs de poireau en julienne. Portez 50 cl d'eau à ébullition. Ajoutez le fumet de poisson et le safran en poudre. Salez et poivrez modérément. Plongez-y les légumes et faites-les cuire sur feu doux pendant 20 minutes environ. Ajoutez les filets de poisson coupés en tronçons et laissez-les pocher pendant 5 à 6 minutes. Retirez-les du bouillon ainsi que les pommes de terre et les poireaux. Réservez au chaud. Ajoutez la crème fraîche au jus de cuisson, mélangez et laissez réduire quelques minutes. Vérifiez l'assaisonnement. Disposez dans chaque assiette un panaché de poissons agrémenté de légumes et nappez-les de sauce au safran.

4 pers.	189 cal./p

- 200 g de filets de saumon
- 200 g de filets de sole
- 200 g de filets de rascasse
- 2 c. à soupe de fumet de poisson
- 2 pommes de terre moyennes
- 2 blancs de poireau
- 2 doses de safran
- 4 c. à soupe de crème à 8 % MG
- 1 c. à soupe d'huile d'olive
- Sel, poivre

ROUGETS FARCIS AUX ÉPINARDS

4 pers. **174 cal./p**

- 4 petits rougets
- 200 g de crevettes roses
- 1 verre de vin blanc sec
- 300 g de tomates pelées
- 1 gousse d'ail
- 150 g d'épinards en branches
- 10 g de beurre
- 1 c. à soupe d'huile d'olive
- Basilic frais
- Sel, poivre

Réalisation Lavez les épinards, séchez-les et hachez-les grossièrement. Faites fondre le beurre dans une poêle et laissez cuire les feuilles d'épinards pendant 2 minutes. Assaisonnez. Videz les rougets, écaillez-les et salez et poivrez l'intérieur. Farcissez-les de fondue d'épinards et maintenez-les fermés avec des cure-dents. Préchauffez le four à 180 °C (th. 6). Pelez et hachez l'ail et réduisez les tomates pelées en purée. Mettez les rougets dans un plat à four, arrosez d'huile d'olive et disposez autour le concassé de tomate, l'ail haché et le vin blanc. Enfournez pendant 25 minutes en arrosant de temps à autre du jus de cuisson. Quelques minutes avant la fin de la cuisson, ajoutez les crevettes et saupoudrez de basilic ciselé. Servez dès la sortie du four.

LES ŒUFS

•

ŒUFS À LA FLORENTINE

Réalisation Préparez une béchamel avec 20 g de beurre, la farine et le lait. Réservez au chaud. Faites fondre les épinards dans une casserole avec la crème légère, saupoudrez de muscade et assaisonnez. Faites cuire les œufs dans une casserole d'eau bouillante salée pendant 6 à 8 minutes. Égouttez-les, laissez-les refroidir et écalez-les. Préchauffez le four à 220 °C (th. 7-8). Versez les épinards dans un plat à gratin et disposez les œufs mollets par-dessus. Nappez-les de sauce béchamel et saupoudrez de parmesan. Passez au four pendant 7 à 8 minutes. Servez aussitôt.

4 pers.	**158 cal./p**

- 4 œufs
- 400 g d'épinards en galets surgelés
- 20 g de beurre
- 2 c. à soupe de crème à 8 % MG
- 1 c. à soupe de farine
- 20 cl de lait écrémé
- 1 c. à soupe de parmesan râpé
- Muscade
- Sel, poivre

GRATIN DE CHAMPIGNONS AUX ŒUFS

4 pers. **246 cal./p**

- 800 g de champignons de Paris
- 20 g de beurre
- 1 gousse d'ail
- 6 œufs
- 2 c. à soupe de crème à 8 % MG
- 1 c. à soupe de Maïzena
- 15 cl de lait écrémé
- 20 g de gruyère râpé allégé
- Muscade en poudre
- Sel, poivre

Réalisation Nettoyez et émincez les champignons. Pelez et coupez la gousse d'ail en deux. Faites fondre le beurre dans une sauteuse et faites suer les champignons avec la gousse d'ail jusqu'à évaporation complète de l'eau. Ôtez l'ail. Préchauffez le four à 180 °C (th. 6). Battez les œufs en omelette dans une jatte et ajoutez la crème fraîche. Mélangez la Maïzena avec le lait et incorporez-les au mélange. Ajoutez les champignons, saupoudrez de muscade, salez et poivrez à votre convenance. Versez dans un plat en terre cuite et saupoudrez de fromage râpé. Enfournez le gratin pendant 30 à 40 minutes et servez dès la sortie du four.

ŒUFS BROUILLÉS AUX FOIES DE VOLAILLE

Réalisation Parez les foies de volaille et détaillez-les en petits morceaux. Faites fondre 10 g de beurre et faites-y sauter les foies pendant 5 minutes sur feu vif. Déglacez la poêle avec le vinaigre. Stoppez la cuisson et réservez au chaud. Battez les œufs en omelette dans une jatte, salez-les et poivrez-les.

4 pers. **241 cal./p**

- 8 foies de volaille
- 30 g de beurre
- 8 œufs
- 1 c. à soupe de vinaigre
- 2 c. à soupe de persil haché
- Sel, poivre

Faites fondre le restant de beurre et versez-y les œufs. Laissez-les cuire pendant quelques minutes sans cesser de remuer. Versez les œufs brouillés dans un plat chaud. Disposez dessus les foies de volaille poêlés, saupoudrez de persil ciselé et servez aussitôt.

ŒUFS EN MEURETTE

4 pers. **246 cal./p**

- 4 œufs
- 2 gousses d'ail
- 1 échalote
- 1 oignon
- 20 g de beurre
- 1 c. à soupe de farine
- 40 cl de vin rouge corsé
- Vinaigre
- 4 tranches de pain de mie
- Persil frais
- Sel, poivre

Réalisation Pelez et hachez grossièrement l'oignon, l'ail et l'échalote. Faites fondre le beurre dans une sauteuse et faites-y revenir les légumes. Une fois dorés, farinez-les et mouillez avec le vin rouge. Remuez au fouet pour éviter de former des grumeaux, salez et poivrez. Portez à ébullition, réduisez le feu et prolongez la cuisson pendant 30 minutes environ. Quinze minutes avant la fin de la cuisson, faites pocher les œufs dans de l'eau vinaigrée portée à ébullition et faites griller le pain de mie. Disposez les croûtes de pain dans 4 assiettes de service et posez dessus un œuf poché bien égoutté sur chaque tranche. Nappez de sauce et saupoudrez de persil ciselé. Poivrez au moulin et servez.

OMELETTE PROVENÇALE

Réalisation Pelez l'aubergine et coupez-la en petits cubes. Pelez la gousse d'ail et hachez-la. Dans une sauteuse, faites chauffer l'huile et jetez-y l'ail et l'aubergine. Laissez-les dorer puis ajoutez les tomates grossièrement détaillées. Salez, poivrez et laissez réduire pendant 10 minutes à feu moyen. Coupez les olives en rondelles et ajoutez-les ainsi que les pignons à la purée de tomates. Battez les œufs en omelette et assaisonnez-les. Faites chauffer le restant d'huile dans une poêle et versez-y les œufs battus. Laissez prendre quelques minutes puis ajoutez la préparation à la tomate. Rabattez l'omelette en trois puis posez-la sur un plat de service chaud. Servez sur un lit de salade verte.

4 pers.	**249 cal./p**

- 8 œufs
- 1 c. à soupe de pignons de pin
- 200 g de tomates pelées
- 1 aubergine
- 8 olives noires dénoyautées
- 1 gousse d'ail
- 2 c. à soupe d'huile d'olive
- Quelques feuilles de salade verte
- Sel, poivre

ŒUFS MOLLETS AU YAOURT

4 pers. **249 cal./p**

- 6 œufs entiers
+ 1 jaune
- 100 g de yaourt
nature maigre
- 1 tomate
- 1 oignon
- 1 cornichon
- 3 cuil. à soupe
d'huile de tournesol
- 1 cuil. à soupe de
moutarde à l'ancienne
- 1 cuil. à café
de jus de citron
- Persil
- Basilic frais
- Sel, poivre

Faites cuire les 8 œufs dans de l'eau bouillante salée pendant 6 minutes. Stoppez la cuisson en les rafraîchissant sous un filet d'eau froide.

Mélangez le jaune d'œuf, la moutarde et le jus de citron. Assaisonnez puis incorporez l'huile sans cesser de remuer pour obtenir la consistance d'une mayonnaise. Ajoutez le yaourt.

Pelez et émincez l'oignon. Détaillez le cornichon et la tomate en dés. Incorporez-les à la sauce.

Écalez les œufs, coupez-les en deux dans le sens de la longueur et disposez-les dans 4 assiettes de service.

Nappez de sauce et décorez de quelques feuilles de basilic. Servez.

•

BROCOLI AUX HERBES

Réalisation Lavez le brocoli, épongez-le et détaillez-le en bouquets. Faites-les cuire à l'eau bouillante salée pendant 10 minutes. Écalez l'œuf, extrayez le jaune et écrasez-le à la fourchette. Ajoutez le jus du citron, l'huile, assaisonnez et mixez. Ajoutez les herbes ciselées et mixez à nouveau. Égouttez le brocoli, disposez-le dans un plat de service et nappez-le de sauce aux herbes.
Servez en garniture de poisson ou en hors-d'œuvre.

4 pers.	169 cal./p

- 800 g de brocoli
- 1 œuf dur
- 1 citron
- 4 c. à soupe d'huile d'olive
- Herbes aromatiques (persil, ciboulette, estragon…)
- Sel, poivre du moulin

CHIFFONNADE D'ENDIVES AUX CHAMPIGNONS

4 pers. **91 cal./p**

- 2 belles endives
- 400 g de champignons de cueillette
- 2 échalotes
- 2 c. à soupe d'huile d'olive
- 2 c. à soupe de jus de citron
- Sel, poivre du moulin

Réalisation Nettoyez les endives, retirez le petit cône blanc à la base du trognon et émincez-les en languettes. Coupez les pieds des champignons et faites-les blanchir à l'eau bouillante salée. Égouttez-les et épongez-les dans du papier absorbant. Pelez et hachez les échalotes. Faites chauffer 1 cuillerée d'huile dans une cocotte et jetez-y les échalotes émincées puis les champignons. Laissez dorer puis réservez-les au chaud. Faites chauffer le restant d'huile et mettez-y les endives. Assaisonnez. Laissez-les cuire à découvert sur feu vif pendant 5 à 8 minutes. Ajoutez les champignons, remuez et ajoutez le jus de citron. Servez en garniture de viande blanche ou de poisson cuit au court-bouillon.

COCOTTE DE CAROTTES À LA CRÈME

Réalisation Pelez et coupez les carottes en rondelles régulières. Disposez-les dans une cocotte, salez et poivrez. Ajoutez le beurre en parcelles et recouvrez de bouillon de volaille. Faites cuire sur feu vif à découvert jusqu'à ce que le liquide soit évaporé. Déglacez avec la crème fraîche et réduisez le feu. Remuez et couvrez. Laissez mijoter jusqu'au moment de servir. Lavez et ciselez le cerfeuil et parsemez-en les carottes.

4 pers.	143 cal./p

- 800 g de carottes
- 1 oignon
- 20 g de beurre
- 2 c. à soupe de crème fraîche à 8 % MG
- 10 cl de bouillon de volaille
- Cerfeuil
- Sel, poivre

CONCOMBRES FARCIS

4 pers. 167 cal./p

- 2 concombres
- 4 tranches de jambon blanc dégraissé
- 2 œufs durs
- 2 c. à soupe de crème fraiche à 8 % MG
- 10 cl de bouillon de volaille dégraissé
- 1 c. à soupe d'huile
- 2 oignons
- Herbes fraiches (ciboulette, aneth)
- Sel, poivre

Réalisation Préchauffez le four à 180 °C (th. 6). Pelez les concombres, coupez un chapeau aux deux tiers de leur hauteur puis égrainez-les. Salez et poivrez. Écalez les œufs, écrasez les jaunes et mélangez-les avec les herbes ciselées. Hachez les blancs d'œufs. Pelez et hachez les oignons et coupez le jambon en petits dés. Faites-les revenir dans l'huile pendant 5 minutes et stoppez la cuisson. Déglacez la poêle avec la crème et ajoutez les jaunes et les blancs d'œufs.

Assaisonnez. Farcissez les concombres avec ce hachis et recouvrez-les de leurs chapeaux. Enfournez les légumes farcis pendant 30 minutes environ et mouillez-les de bouillon régulièrement au cours de la cuisson. Servez dès la sortie du four.

ÉPINARDS AU BEURRE

Réalisation Éliminez les queues des épinards et les feuilles abîmées ou jaunies. Lavez-les à grande eau puis égouttez-les. Faites bouillir 2 litres d'eau salée dans un faitout et jetez-y les épinards pendant 5 à 8 minutes. Égouttez-les et rafraîchissez-les à l'eau froide. Faites chauffer le beurre dans une sauteuse et ajoutez-y les épinards. Salez, poivrez et saupoudrez de muscade. Remuez sur feu modéré pendant 2 minutes et servez.

4 pers.	175 cal./p

- 1 kg d'épinards frais
- 60 g de beurre
- Muscade en poudre
- Sel, poivre

✪ **Notre suggestion :** vous pouvez remplacer la moitié du beurre par de la crème à 8 ou 15 % MG.

FONDUE DE TOMATES

4 pers. | 125 cal./p

- 800 g de tomates
- 2 oignons
- 1 gousse d'ail
- 1 bouquet garni
- 2 c. à soupe d'huile d'olive
- Origan
- Sel, poivre

Réalisation Pelez et hachez les oignons et l'ail. Ébouillantez les tomates, pelez-les, égrainez-les et coupez-les en deux. Faites chauffer l'huile dans une casserole à fond épais. Ajoutez les oignons et laissez-les blondir. Ajoutez les tomates, l'ail, le bouquet garni et mélangez. Salez et poivrez. Couvrez et laissez mijoter sur feu très doux, les tomates doivent fondre complètement. Découvrez et remuez jusqu'à ce que la fondue devienne pâteuse. Retirez le bouquet garni et passez la fondue au mixeur. Rectifiez l'assaisonnement et saupoudrez d'origan.

GRATIN DE CHOUX DE BRUXELLES AUX AMANDES

4 pers.	**144 cal./p**

Réalisation Préchauffez le four à 180 °C (th. 6). Retirez les feuilles jaunies des choux et coupez le trognon pas trop à ras, pour que les feuilles restent attachées. Faites-les cuire à l'eau bouillante salée pendant 10 minutes. Égouttez-les. Faites dorer les amandes à blanc dans une poêle à revêtement antiadhésif. Coupez grossièrement les tomates, mélangez-les à la crème et au parmesan. Salez modérément et poivrez. Disposez les choux dans un plat à gratin, nappez-les de sauce à la tomate et parsemez-les d'amandes effilées. Enfournez pendant 20 minutes et servez dès la sortie du four.

- 600 g de choux de Bruxelles
- 10 g de beurre
- 2 c. à soupe d'amandes effilées
- 100 g de tomates pelées
- 2 c. à soupe de crème légère
- 2 c. à soupe de parmesan râpé
- Sel, poivre gris

HARICOTS MANGE-TOUT À L'ANETH

4 pers. **118 cal./p**

- 800 g de mange-tout
- 1 oignon
- 20 g de beurre
- 2 c. à soupe de crème légère
- Quelques brins d'aneth
- Sel, poivre

Réalisation Épluchez et coupez les haricots en tronçons. Faites-les cuire 15 à 20 minutes dans de l'eau bouillante salée. Égouttez-les. Pelez et hachez l'oignon. Faites chauffer le beurre dans une sauteuse et faites-y blondir l'émincé d'oignon. Ajoutez les haricots et mélangez. Salez et poivrez. Portez à ébullition la crème légère, réduisez le feu et laissez-la frémir pendant 1 à 2 minutes. Hors du feu, ajoutez l'aneth ciselé et assaisonnez. Versez les mange-tout dans un plat de service et nappez de sauce. Servez aussitôt.

LÉGUMES CONFITS AU GINGEMBRE

Réalisation Pelez et coupez les légumes en petits tronçons. Salez, poivrez et recouvrez-les d'eau. Portez à ébullition, réduisez le feu et laissez cuire à couvert pendant 15 à 20 minutes. Égouttez les légumes. Faites fondre le beurre dans une casserole et ajoutez-y le gingembre et le sucre en poudre. Mélangez jusqu'à dissolution complète du sucre. Ajoutez les carottes et les navets en morceaux, remuez pour bien les napper et laissez mijoter à feu doux pendant 10 minutes environ en veillant à remuer régulièrement. Servez en garniture d'un rôti de veau.

4 pers.	180 cal./p

- 5 carottes
- 5 navets
- 40 g de beurre
- 2 c. à soupe de sucre roux
- 2 c. à café de gingembre en poudre
- Sel, poivre du moulin

LÉGUMES EN PAPILLOTE

4 pers. 86 cal./p

• 600 g de légumes
variés (carottes,
courgettes, navets,
champignons…)
• 1/2 citron
• 20 g de beurre
• Herbes aromatiques
(cerfeuil, persil…)
• Sel, poivre du
moulin

Réalisation Préchauffez le four à 200 °C (th. 6-7). Pelez les légumes, détaillez les carottes et les courgettes en rondelles, les navets en tronçons et émincez les champignons. Découpez 4 grands rectangles dans du papier aluminium. Répartissez les légumes sur les papillotes et ajoutez des petites parcelles de beurre. Salez, poivrez. Ciselez le cerfeuil et le persil (environ 4 cuillerées à soupe) et saupoudrez-les sur les légumes. Fermez hermétiquement les papillotes et faites-les cuire environ 20 minutes. Servez les légumes dans les papillotes en garniture d'un rôti ou d'une escalope de veau.

POIREAUX À LA FLAMANDE

Réalisation Faites cuire les blancs de poireau pendant 20 minutes dans de l'eau bouillante salée. Égouttez-les et laissez-les tiédir. Coupez 4 tranches de jambon blanc en deux et enveloppez chaque poireau dans un morceau de jambon. Disposez-les dans un plat à gratin. Préparez une béchamel avec le beurre, la farine et le lait. Saupoudrez-la de muscade et assaisonnez-la. Nappez-en les cornets de jambon et parsemez-les de fromage râpé. Faites-les gratiner quelques minutes sous le gril du four. Servez bien chaud.

4 pers. **221 cal./p**

- 8 blancs de poireau
- 6 tranches de jambon blanc dégraissé
- 20 g de beurre
- 1 c. à soupe de farine
- 25 cl de lait écrémé
- 40 g de gruyère râpé allégé
- Muscade
- Sel, poivre du moulin

PURÉE DE MARRONS AU CÉLERI

4 pers. 246 cal./p

- 300 g de marrons en conserve au naturel
- 500 g de céleri-rave
- 10 g de beurre
- 10 cl de lait écrémé
- 1 c. à café de sucre semoule
- Sel, poivre

Réalisation Égouttez les marrons, pelez le céleri et coupez-le en morceaux. Mettez-les dans une casserole et couvrez-les d'eau. Salez, poivrez et ajoutez le sucre semoule. Faites cuire à petits bouillons pendant 30 minutes. Vérifiez la cuisson avec la pointe d'un couteau. Égouttez-les et réduisez-les en purée au moulin à légumes. Versez la purée dans une casserole, ajoutez le beurre en parcelles et travaillez le mélange sur feu doux pendant quelques minutes. Versez progressivement le lait jusqu'à la consistance souhaitée. Rectifiez l'assaisonnement et servez aussitôt.

RAGOÛT DE FENOUIL À LA TOMATE

Réalisation Pelez et coupez l'aubergine en petits dés. Saupoudrez-les de sel et laissez-les dégorger pendant 15 à 20 minutes. Pelez les tomates et coupez-les en quartiers. Pelez et émincez les oignons. Parez le fenouil et coupez-le en tranches régulières. Faites chauffer l'huile dans une cocotte et jetez-y les oignons et le fenouil. Assaisonnez et laissez fondre sur feu doux pendant 10 minutes. Épongez les dés d'aubergine, ajoutez-les dans la cocotte ainsi que les tomates et les gousses d'ail entières pelées. Laissez mijoter à découvert pendant 30 minutes en remuant de temps à autre. Hachez le persil et ajoutez-le au ragoût. Servez bien chaud.

4 pers.	147 cal./p

- 1 bulbe de fenouil
- 1 aubergine
- 3 tomates
- 2 oignons
- 4 c. à soupe d'huile d'olive
- 2 gousses d'ail
- Persil frais
- Sel, poivre du moulin

ROUGAIL D'AUBERGINES

4 pers. 76 cal./p

- 2 petites aubergines
- 1 oignon
- 1/2 citron
- 2 c. à soupe d'huile d'olive
- Gingembre en poudre
- 1 piment doux
- Sel, poivre de Cayenne

Réalisation Retirez le pédoncule des aubergines et faites-les cuire pendant 20 minutes sans les peler dans de l'eau bouillante salée. Pelez l'oignon et détaillez-le grossièrement. Coupez les extrémités du piment et égrainez-le. Réduisez l'oignon et le piment en purée au mixeur et saupoudrez d'une pincée de gingembre. Ajoutez le jus du citron, salez et poivrez modérément. Égouttez les aubergines, coupez-les en deux dans le sens de la longueur et recueillez la pulpe à l'aide d'une cuillère. Incorporez-la à la purée pimentée, ajoutez l'huile en filet et travaillez-la pendant quelques minutes. Rectifiez l'assaisonnement et réservez la rougail au frais jusqu'au moment de servir.

SALADE DE COURGETTES MARINÉES

Réalisation Lavez les courgettes et coupez-les en rondelles régulières sans les peler. Râpez le zeste du citron, pressez et filtrez le jus. Faites blanchir les courgettes pendant 1 à 2 minutes dans de l'eau bouillante salée. Égouttez-les et disposez-les dans un plat creux. Mélangez dans une jatte les grains de coriandre, le zeste et le jus de citron, une pincée de sel et du poivre. Versez cette marinade sur les courgettes et mélangez pour bien les imprégner. Faites fondre le sucre avec 1 cuillerée d'eau dans une casserole. Une fois le sucre caramélisé, mouillez avec le vinaigre et versez le mélange brûlant sur les courgettes. Remuez et laissez mariner pendant au moins 2 heures avant de servir.

4 pers.	**72 cal./p**

- 4 petites courgettes
- 1 citron
- 1 c. à café de grains de coriandre
- 2 c. à soupe de sucre semoule
- 4 c. à soupe de vinaigre aromatisé
- Sel, poivre

CONCOMBRE À L'AIGRE-DOUX

4 pers. 110 cal./p

- 800 g de concombre
- 1 jaune d'œuf
- 10 g de beurre
- 2 cuil. à soupe d'aneth
- 1 cuil. à café de moutarde
- 1 cuil. à soupe de jus de citron
- 10 cl de bouillon de légumes
- 1 cuil. à café de miel liquide
- 4 cuil. à soupe de crème fraiche légère à 8 % de MG
- Sel

Épluchez et égrainez les concombres. Émincez les moitiés en fines rondelles.

Faites les revenir dans le beurre fondu pendant quelques minutes sans cesser de remuer. Ajoutez la moutarde et le miel. Salez modérément.

Mouillez avec le citron et le bouillon. Mélangez, couvrez et laissez mijoter pendant 20 minutes environ.

Poursuivez la cuisson quelques minutes à découvert pour faire réduire.

Incorporez la crème et le jaune d'œuf et mélangez. Saupoudrez d'aneth ciselé et servez.

LES FÉCULENTS

•

COUSCOUS AUX RAISINS BLONDS

Réalisation Plongez le couscous dans un saladier d'eau froide, égouttez-le et laissez-le gonfler à couvert pendant 10 minutes. Remplissez la partie inférieure du couscoussier d'eau bouillante et versez la semoule dans la partie supérieure. Laissez cuire pendant 20 minutes. Versez-la dans un plat creux, arrosez-la d'eau bouillante et ajoutez l'huile. Laissez-la gonfler pendant 15 minutes. Plongez les raisins pendant 5 minutes dans de l'eau portée à ébullition puis égouttez-les. Ajoutez-les à la semoule et faites cuire dans la partie haute du couscoussier à la vapeur pendant 10 minutes. Parsemez de noisettes de beurre, mélangez et servez.

4 pers.	215 cal./p

- 500 g de semoule fine
- 2 c. à soupe d'huile d'olive
- 2 c. à soupe de raisins blonds
- 10 g de beurre
- Sel, poivre

ÉPIS DE MAÏS AU CHILI

4 pers. **170 cal./p**

- 2 épis de maïs
- 30 g de beurre
- 2 c. à soupe de coriandre fraîche
- 1 c. à café de concentré de tomate
- Piment en poudre
- 1 c. à soupe de crème fraîche à 8 % MG
- Sel

Réalisation Enlevez les extrémités des épis de maïs et coupez-les en tronçons de 3 cm. Plongez-les dans une grande quantité d'eau bouillante légèrement salée. Réduisez le feu et laissez frémir jusqu'à ce qu'ils soient tendres. Égouttez-les. Mélangez dans une jatte le beurre fondu, la coriandre ciselée, le concentré de tomate et une pincée de piment en poudre. Faites tremper les épis de maïs encore chauds dans cette préparation, mélangez afin qu'ils s'en imprègnent et servez aussitôt avec 1 cuillerée de crème fraîche.

ÉTUVÉE DE LÉGUMES AUX HARICOTS BLANCS

Réalisation Préchauffez le four à 180 °C (th. 6). Préparez les légumes : lavez et coupez les cœurs de salade en 2 ou en 4, pelez les carottes, le navet et les pommes de terre et détaillez-les en rondelles. Faites fondre 20 g de beurre dans une cocotte (allant au four) sur feu très doux. Ajoutez la moitié de tous les légumes puis le restant de beurre en parcelles. Terminez par les légumes. Mouillez avec 5 cl d'eau et poivrez généreusement. Couvrez et enfournez la cocotte pendant 50 minutes. Servez dès la sortie du four.

4 pers. 195 cal./p

- 150 g de haricots blancs écossés
- 100 g de petits pois frais écossés
- 2 cœurs de laitue
- 2 carottes
- 1 navet
- 2 pommes de terre moyennes
- 40 g de beurre salé
- Poivre concassé

GALETTES DE SARRASIN

6 pers.   142 cal./p

- 300 g de farine de sarrasin
- 1 œuf entier + 2 jaunes
- 30 cl de lait écrémé
- 30 g de beurre demi-sel
- 1 pincée de fleur de sel

Réalisation Versez la farine dans une jatte et faites un puits au milieu. Ajoutez les œufs et mélangez. Versez peu à peu le lait en remuant avec une spatule en bois puis 20 cl d'eau. Ajoutez la fleur de sel. Laissez reposer 2 heures à température ambiante. Beurrez légèrement votre plaque à crêpes et versez une petite louche de pâte. Retournez les crêpes à mi-cuisson et agrémentez-les à votre convenance.

HARICOTS PANACHÉS

Réalisation Pelez les carottes et coupez-les en rondelles régulières. Pelez l'oignon et la gousse d'ail et hachez-les finement. Faites fondre le beurre dans une casserole et faites-y blondir les oignons et l'ail. Ajoutez les carottes, le persil, salez et poivrez. Recouvrez d'eau, portez à ébullition puis réduisez le feu et laissez mijoter jusqu'à évaporation complète de l'eau. Pendant ce temps, épluchez les mange-tout et faites-les cuire à l'autocuiseur pendant 10 à 15 minutes. Égouttez les flageolets, ajoutez-les aux carottes ainsi que les haricots. Arrosez de quelques cuillerées de jus de conservation des flageolets, mélangez et réchauffez sur feu doux. Servez en garniture d'un rôti ou de gigot d'agneau.

4 pers.	**147 cal./p**

- 300 g de flageolets en conserve
- 2 carottes
- 150 g de haricots mange-tout
- 1 gousse d'ail
- 1 oignon
- Persil ciselé
- 20 g de beurre
- Sel, poivre

NOUILLES AUX NOIX

4 pers. | 249 cal./p

- 150 g de nouilles crues
- 2 c. à soupe de pignons de pin
- 2 c. à soupe de cerneaux de noix décortiqués
- Persil frais
- 2 c. à soupe d'huile d'olive
- 2 gousses d'ail
- Sel, poivre du moulin

Réalisation Faites griller les pignons de pin étalés sur la plaque du four. Pelez et hachez les gousses d'ail. Lavez le persil, épongez-le dans du papier absorbant et hachez-le finement. Concassez les cerneaux de noix et les pignons dans un mortier. Faites chauffer l'huile dans une sauteuse, ajoutez l'ail et le persil. Mélangez et laissez revenir quelques minutes. Ajoutez le concassé de noix et de pignons et laissez dorer 2 à 3 minutes. Hors du feu, ajoutez 10 cl d'eau et fouettez vivement pour bien mélanger. Rectifiez l'assaisonnement si nécessaire. Faites cuire les pâtes dans un grand volume d'eau bouillante salée puis égouttez-les. Réchauffez la sauce sur feu doux et nappez les nouilles. Servez bien chaud dans un plat de service.

POIS GOURMANDS AU BEURRE D'AMANDES

Réalisation Effilez les pois gourmands, lavez-les et faites-les cuire à l'eau bouillante salée pendant 10 à 15 minutes. Égouttez-les, versez-les dans une sauteuse et couvrez. Faites fondre le beurre dans une poêle à revêtement antiadhésif et ajoutez les amandes. Laissez-les blondir sur feu très doux pendant 2 à 3 minutes mais ne les laissez surtout pas noircir. Versez les amandes et le beurre de cuisson sur les pois. Réchauffez sur feu doux en remuant délicatement. Assaisonnez et servez aussitôt.

4 pers.	194 cal./p

- 600 g de pois gourmands
- 40 g de beurre
- 2 c. à soupe d'amandes effilées
- Sel, poivre

PURÉE DE POIS CASSÉS

4 pers.	203 cal./p

- 500 g de pois cassés
- 2 oignons
- 1 clou de girofle
- 1 bouquet garni
- 1 carotte
- 10 g de beurre
- 2 c. à soupe de crème fraîche à 8 % MG
- Sel, poivre

Réalisation Faites tremper les pois dans une bassine d'eau froide pendant 2 heures. Égouttez-les et mettez-les dans une grande marmite. Pelez les oignons et la carotte. Piquez l'un des oignons d'un clou de girofle et coupez la carotte en petits tronçons. Ajoutez-les aux pois ainsi que le bouquet garni et le beurre. Recouvrez d'eau, portez à ébullition et faites cuire pendant 1 heure sur feu moyen en remuant de temps à autre. Retirez le bouquet garni et les oignons et passez le contenu de la marmite à travers une passoire. Passez les pois et la carotte au moulin à légumes. Réchauffez la purée obtenue sur feu doux, incorporez la crème légère, salez et poivrez. Servez aussitôt.

RAVIOLES AU BOUILLON

Réalisation Versez la farine et le sel dans un saladier, creusez un puits et cassez-y 2 œufs entiers. Travaillez la pâte en ajoutant un peu d'eau si nécessaire. Laissez-la reposer 1 heure. Hachez la viande, l'oignon pelé et le persil ciselé. Faites dorer le hachis de viande quelques minutes avec l'huile. Assaisonnez et laissez tiédir. Incorporez l'œuf restant. Divisez la pâte en deux et abaissez-la sur 2 mm d'épaisseur. Répartissez le hachis sur la première abaisse en formant des tas espacés de 4 cm environ. Battez le blanc d'œuf et badigeonnez-en la pâte où elle n'est pas garnie. Couvrez avec la seconde abaisse et appuyez entre les tas de farce de façon à souder les deux abaisses. Découpez les ravioles avec une roulette dentelée et plongez-les 5 minutes dans le bouillon à ébullition. Égouttez et servez.

4 pers. **226 cal./p**

- 200 g de viande de bœuf à 5 % MG
- 1 oignon
- 1 c. à soupe d'huile
- 200 g de farine
- 3 œufs + 1 blanc
- 1 tablette de bouillon de volaille dégraissé
- Persil
- Sel, poivre

RISOTTO AU SAFRAN

4 pers.	219 cal./p

- 150 g de riz long
- 1 tablette de bouillon de volaille
- 1 oignon
- 2 c. à soupe d'huile d'olive
- 1 mesure de safran
- 2 c. à soupe de parmesan
- Sel, poivre

Réalisation Pelez et hachez l'oignon. Faites chauffer l'huile dans une sauteuse, ajoutez le hachis d'oignon et faites-le blondir en remuant sans cesse. Versez le riz et mélangez jusqu'à ce que les grains deviennent translucides. Saupoudrez de safran. Mouillez avec le bouillon de volaille (1 tablette + 2 litres d'eau), portez à ébullition puis réduisez le feu, couvrez et prolongez la cuisson jusqu'à absorption complète du liquide. Incorporez le parmesan, mélangez et servez aussitôt en garniture d'un rôti de veau ou de poisson braisé.

SALADE DE BLÉ GERMÉ

Réalisation Faites germer les grains de blé : laissez-les tremper dans de l'eau (les grains doivent être entièrement recouverts) pendant 24 heures. Rincez-les et remettez-les dans un plat sans eau pendant 24 heures. Préchauffez le gril du four. Coupez le poivron en deux, égrainez-le et passez-le sous le gril. Quand la peau commence à boursoufler et à noircir, sortez-le du four, enveloppez-le dans un linge humide pendant quelques minutes. Pelez-le et laissez-le refroidir. Émincez les courgettes sans en enlever la peau, arrosez-les d'huile et de jus de citron et laissez-les mariner pendant 30 minutes. Faites gonfler les raisins dans de l'eau tiède et émincez le poivron en lanières. Réunissez tous les ingrédients dans un saladier, assaisonnez à votre convenance et servez à température ambiante.

4 pers. 196 cal./p

- 200 g de blé complet
- 2 courgettes
- 4 c. à soupe d'huile d'olive
- 2 c. à soupe de jus de citron
- 2 c. à soupe de raisins secs
- 1 petit poivron rouge
- Sel, poivre concassé

SALADE TIÈDE DE LENTILLES

4 pers. **248 cal./p**

- 300 g de lentilles vertes
- 2 gousses d'ail
- 1 oignon
- 10 g de beurre
- Thym, laurier
- 25 cl de vin blanc
- 2 c. à soupe d'huile d'olive
- 2 c. à soupe de vinaigre de xérès
- Moutarde forte
- Sel, poivre

Réalisation Faites tremper les lentilles dans de l'eau tiède pendant 1 heure. Égouttez-les. Pelez et hachez l'oignon et les gousses d'ail. Faites fondre le beurre dans une cocotte, ajoutez le hachis d'ail et d'oignon, le thym et le laurier. Laissez blondir pendant quelques minutes. Ajoutez les lentilles et mouillez avec le vin blanc. Ajoutez la même quantité d'eau et portez à ébullition. Réduisez le feu, couvrez et laissez mijoter pendant 40 minutes environ. Égouttez et retirez le thym et le laurier. Mélangez dans un bol l'huile, le vinaigre, la moutarde, du sel et du poivre. Versez sur les lentilles chaudes, laissez tiédir et servez.

SPAGHETTIS À L'AIL

Réalisation Faites cuire les pâtes dans une grande quantité d'eau bouillante salée pendant 8 à 12 minutes. Pendant ce temps, versez la crème fraîche dans une casserole et chauffez-la sur feu doux. Ajoutez la tablette de bouillon et mélangez jusqu'à sa dissolution complète. Pelez les gousses d'ail et ajoutez-les entières à la crème. Laissez cuire pendant 10 minutes. Égouttez les pâtes et disposez-les dans un saladier. Mixez la sauce à l'ail, nappez-en les spaghettis et mélangez. Saupoudrez de noix concassées et servez bien chaud.

---

4 pers. 202 cal./p

- 150 g de spaghettis crus
- 4 c. à soupe de crème fraîche à 8 % MG
- 1 tablette de bouillon de volaille dégraissé
- 8 gousses d'ail
- 1 c. à soupe de noix concassées
- Sel

TABOULÉ À LA MENTHE

4 pers. **221 cal./p**

- 150 g de semoule précuite
- 4 tomates
- 3 oignons
- Menthe fraiche
- Persil plat
- 2 c. à soupe d'huile d'olive
- 2 citrons
- Sel, poivre

Réalisation Versez la semoule dans un saladier et arrosez-la avec 20 cl d'eau bouillante légèrement salée. Réservez au frais. Lavez les tomates et coupez-les en petits dés. Pelez et hachez finement les oignons. Ciselez autant de feuilles de menthe que de persil. Ajoutez à la semoule les tomates, le hachis d'oignons, la menthe et le persil ciselés. Salez et poivrez à votre convenance.

Préparez la vinaigrette : pressez le jus des citrons et mélangez-le à l'huile d'olive. Versez-la sur le taboulé et laissez reposer au frais pendant au moins 2 heures en remuant de temps à autre.

TAGLIATELLES AUX PLEUROTES

Réalisation Nettoyez et émincez les champignons. Pelez et hachez l'ail. Lavez et épongez l'estragon puis ciselez-le. Faites cuire les tagliatelles pendant 8 à 10 minutes dans une grande quantité d'eau salée. Égouttez-les et réservez-les. Faites chauffer l'huile dans une sauteuse.

4 pers.	**209 cal./p**

- 150 g de tagliatelles
- 400 g de pleurotes
- 2 gousses d'ail
- Estragon
- 2 c. à soupe d'huile d'olive
- Sel, poivre concassé

Ajoutez l'ail et laissez-le dorer quelques minutes. Incorporez les pleurotes et faites-les sauter pendant 5 minutes. Ajoutez les tagliatelles et l'estragon ciselé. Mélangez délicatement, réduisez le feu et laissez chauffer quelques minutes. Poivrez. Répartissez les pâtes dans 4 assiettes chaudes et servez aussitôt.

GALETTES DE RIZ

4 pers.   **244 cal./p**

- 150 g de riz rond
- 2 cuil. à soupe d'huile
- 2 œufs
- 2 cuil. à soupe de farine
- Persil frais
- Sel, poivre.

Faites cuire le riz dans une casserole d'eau bouillante légèrement salée pendant 20 minutes. Égouttez-le et laissez-le refroidir.

Dans une jatte, battez les œufs et ajoutez-y la farine. Incorporez le riz et le persil ciselé. Façonnez 8 galettes plates avec ce mélange et faites-les cuire dans l'huile 5 minutes sur chaque face. Réservez-les au chaud.

Servez-les avec une salade verte ou une salade de tomates.

LES SAUCES

•

SAUCE PIQUANTE

Réalisation Pelez et hachez finement les échalotes. Versez dans une casserole le vin et le vinaigre, portez-les à ébullition. Ajoutez les échalotes, le poivre et le bouquet garni. Baissez le feu et laissez réduire de moitié. Préparez un roux avec le beurre et la farine. Mouillez avec le bouillon et remuez sans cesse jusqu'à épaississement. Hachez les cornichons et retirez le bouquet garni de la réduction au vin. Versez-les dans la sauce au roux et saupoudrez de persil ciselé. Servez bien chaud.

Au moment de servir, saupoudrez de basilic ciselé.

6 pers. 94 cal./p

- 15 dl de vin blanc
- 10 dl de vinaigre
- 40 dl de bouillon de volaille dégraissé
- 6 échalotes
- 6 cornichons
- 20 g de beurre
- 1 c. à soupe de farine
- 1 bouquet garni
- Persil ciselé
- Sel, poivre concassé

MARINADE POUR VIANDES ET GIBIER

4 pers. 125 cal./p

- 1 carotte
- 2 oignons
- 2 échalotes
- 1 gousse d'ail
- Persil ciselé
- Thym, laurier
- 2 clous de girofle
- Vin rouge ou blanc
- 1 c. à soupe de cognac
- 2 c. à soupe d'huile d'olive
- Sel, poivre

Réalisation Pelez et émincez finement tous les légumes. Salez et poivrez la viande à faire mariner et placez-la dans un plat creux. Ajoutez le persil, le thym, le laurier et les clous de girofle écrasés. Mouillez avec du vin (suffisamment pour recouvrir) et ajoutez le Cognac. Versez l'huile d'olive en filet et laissez reposer au moins 4 heures en retournant la viande régulièrement.

SAUCE AIGRE-DOUCE 40 cl de sauce

4 à 6 p. 90 à 134 cal./p

- 12,5 cl de vinaigre de vin blanc
- 1/2 bol (12,5 cl) de sucre semoule
- 3 c. à soupe de

Réalisation Mélangez 25 cl d'eau, le vinaigre et le sucre dans une petite casserole. Portez à ébullition et laissez frémir jusqu'à dissolution complète du sucre. Mélangez dans un bol le concentré de tomate, le fond de volaille et la fécule. Incorporez ce mélange à l'eau vinaigrée en remuant jusqu'à épaississement.

concentré de tomate
• 1 c. à café de fond de volaille
• 1 c. à soupe de fécule de maïs

SAUCE AU CURRY

Réalisation Mélangez dans un bol le jaune d'œuf avec la moutarde. Incorporez l'huile et fouettez vivement jusqu'à obtenir la texture d'une mayonnaise. Salez et poivrez. Incorporez délicatement le petit-suisse et ajoutez le curry. Mélangez. Pelez et hachez l'échalote et incorporez-la à la sauce. Placez au réfrigérateur jusqu'au moment de servir.

4 pers. **76 cal./p**

• 2 c. à soupe d'huile
• 1 jaune d'œuf
• 1 c. à café de moutarde de Dijon
• 1 petit-suisse à 0 % MG (30 g)
• 1 échalote
• 1 pincée de curry en poudre
• Sel fin, poivre du moulin

SAUCE RAVIGOTE

4 pers.	102 cal./p

- 4 c. à soupe d'huile
- 2 c. à soupe de vinaigre
- 1 c. à café de moutarde de Dijon
- 1 oignon blanc
- 1 c. à soupe de câpres
Herbes aromatiques (estragon, ciboulette et persil)
- Sel, poivre

Réalisation Ciselez l'équivalent de 3 cuillerées à soupe d'herbes aromatiques. Pelez et hachez l'oignon, égouttez et hachez finement les câpres. Mettez dans un bol le vinaigre, salez et poivrez. Ajoutez la moutarde puis l'huile en remuant sans cesse. Incorporez les fines herbes, l'oignon et le hachis de câpres, mélangez et servez.

SAUCE POIVRADE 50 cl de sauce

6 pers.	99 cal./p

- 40 cl de bouillon de volaille dégraissé
- 10 cl de vin blanc sec
- 1 carotte
- 2 oignons
- 4 échalotes
- Thym, laurier

Réalisation Faites fondre le beurre dans une poêle et faites-y revenir la carotte émincée et les oignons hachés. Parsemez de thym et ajoutez une feuille de laurier émiettée. Saupoudrez de farine et mouillez avec le bouillon de volaille. Rédui-

sez le feu et prolongez la cuisson pendant 15 à 20 minutes.
Pelez et hachez les échalotes et
placez-les dans une casserole
avec le poivre et le vin. Portez

- 20 g de beurre
- 1 c. à soupe de farine
- Sel, poivre concassé

à ébullition, baissez le feu et laissez réduire de
moitié. Versez la réduction dans la sauce et poursuivez la cuisson environ 10 minutes.

SAUCE AUX CÂPRES 50 cl de sauce

Réalisation Préparez un roux
avec le beurre fondu et la
farine. Mouillez avec le bouillon chaud et remuez vivement.
Réduisez le feu et prolongez la
cuisson pendant 10 minutes.
Ajoutez la crème et poursuivez la cuisson sur feu très doux
pendant 5 minutes supplé-
mentaires. Incorporez les
câpres, le jus de citron et assaisonnez. Servez avec du poisson poché.

6 pers. **87 cal./p**

- 20 g de beurre
- 1 c. à soupe de farine
- 30 cl de bouillon de volaille dégraissé
- 4 c. à soupe de crème à 8 % MG
- 2 c. à soupe de câpres
- 2 c. à soupe de jus de citron
- Sel, poivre

CRÈME AUX HERBES

4 pers. **45 cal./p**

- 250 g de fromage blanc à 0 % MG
- 1 oignon
- 1 gousse d'ail
- 4 c. à soupe de crème à 8 % MG
- 2 c. à soupe d'herbes ciselées (persil, cerfeuil, estragon…)
- 1 c. à café de graines de cumin
- Paprika en poudre
- Sel, poivre concassé

Réalisation Battez le fromage blanc et la crème légère dans un bol. Pelez et hachez finement l'oignon et l'ail. Incorporez-les au fromage battu ainsi que les herbes ciselées. Salez et poivrez. Ajoutez les graines de cumin et saupoudrez de paprika.

SAUCE VERDURETTE

Réalisation Nettoyez et ciselez les herbes fraîches. Séparez les jaunes des blancs d'œufs et écrasez-les dans un bol avec la moutarde. Salez et poivrez. Incorporez l'huile en fouettant puis le lait. Mélangez les herbes hachées avec le vinaigre. Ajoutez-les à la préparation précédente. Hachez très finement les blancs d'œufs. Versez la sauce dans une saucière et ajoutez le hachis de blancs d'œufs durs dessus. Réservez au réfrigérateur jusqu'au moment de servir.

4 pers.	68 cal./p

- 2 œufs durs
- 1 c. à café de moutarde à l'ancienne
- 1 c. à soupe d'huile
- 2 c. à soupe de lait écrémé
- 2 c. à soupe de vinaigre de vin
- Herbes aromatiques (ciboulette, persil, estragon, basilic)
- Sel, poivre

SAUCE PIZZAÏOLA 50 cl de sauce

6 pers. | 65 cal. / p

- 4 tomates
- 2 oignons
- 2 gousses d'ail
- 2 c. à soupe d'huile d'olive
- Basilic frais
- 4 c. à soupe de concentré de tomate
- Origan
- 1 c. à café de sucre semoule
- Sel, poivre du moulin

Réalisation Pelez et hachez l'oignon et l'ail. Ébouillantez les tomates et pelez-les. Détaillez-les grossièrement. Faites chauffer l'huile et faites-y revenir l'oignon et l'ail. Une fois dorés, ajoutez les tomates, le concentré, l'origan, salez et poivrez. Réduisez le feu et laissez mijoter sur feu très doux pendant 20 à 30 minutes. Ajoutez le sucre semoule et rectifiez l'assaisonnement.

LES SANDWICHS

•

BRIOCHES AUX ŒUFS BROUILLÉS

Réalisation Retirez les têtes des brioches et évidez l'intérieur en prenant soin de ne pas les percer. Battez les œufs en omelette. Faites fondre le beurre et versez-y les œufs battus. Faites cuire sur feu doux sans cesser de remuer. Salez légèrement et poivrez. Retirez les œufs brouillés du feu et répartissez-les dans les brioches. Parsemez de ciboulette ciselée et replacez les chapeaux. Servez aussitôt.

2 pers.	250 cal./p

- 2 brioches rondes individuelles
- 40 g de beurre
- 3 œufs
- Ciboulette
- Sel, poivre du moulin

CROQUE-MINCEUR

2 pers. 164 cal./p

- 4 tranches de pain de mie
- 50 g de gruyère râpé à 27 % MG
- 1 tranche de jambon cuit dégraissé et découenné
- 1 tomate
- Sel, poivre

Réalisation Préchauffez le gril du four. Coupez la tomate en rondelles assez fines. Disposez les rondelles en corolle sur une tranche de pain de mie. Ajoutez une demi-tranche de jambon. Recouvrez d'une autre tranche de pain et saupoudrez de gruyère. Faites gratiner les croque-minceur sous le gril.

PAIN AUX NOIX ET MAGRET FUMÉ

2 pers. 200 cal./p

- 4 tranches de pain aux noix
- 100 g de magret de canard fumé
- 1/2 pomme (type Granny Smith)
- Poivre concassé

Réalisation Pelez la pomme, épépinez-la, ôtez le trognon et râpez-en la pulpe. Tartinez-en deux tranches de pain et déposez quelques tranches de magret en rosace. Poivrez. Recouvrez d'une autre tranche de pain et servez sur un lit de salade.

PAIN AUX OIGNONS ET BRIE FONDANT

Réalisation Beurrez deux tranches de pain de seigle avec 20 g de beurre. Pelez et coupez l'oignon en rondelles et séparez-le en anneaux. Faites fondre le restant de beurre et poêlez-y l'oignon. Lorsqu'ils

2 pers. **231 cal./p**

• 4 tranches de pain de seigle
• 1 oignon
• 20 g de beurre
• 40 g de brie

sont dorés, déposez les anneaux d'oignon sur les deux tranches de pain beurrées et ajoutez le brie coupé en tranches fines. Recouvrez d'une autre tranche de pain.

PAINS RONDS AU CRABE

Réalisation Mélangez le crabe avec la mayonnaise. Salez et poivrez. Ajoutez du persil plat ciselé. Tartinez les pains de ce mélange et ajoutez-y 3 rondelles d'œuf dur. Décorez de câpres et de ciboulette.

4 pers. **249 cal./p**

• 2 petits pains ronds
• 80 g de chair de crabe
• 2 c. à soupe de mayonnaise allégée
• Persil plat
• 1 œuf dur
• 1 c. à soupe de câpres
• Ciboulette
• Sel, poivre

PAIN BIS DE LA BALTIQUE

4 pers. **249 cal./p**

• 2 tranches de pain bis
• 2 filets de hareng au vinaigre (rollmops)
• 2 feuilles de laitue
• 1 oignon
• 10 g de beurre
• 1 c. à soupe de câpres

Réalisation Beurrez les tranches de pain. Déposez sur chacune d'elles une feuille de salade, puis les filets de hareng enroulés. Pelez l'oignon et tranchez-le en fines rondelles. Séparez-les en anneaux. Décorez-en les tartines et ajoutez les câpres.

TRIANGLES AU BLEU ET À LA POIRE

2 pers. **170 cal./p**

• 2 tranches de pain de mie
• 60 g de bleu de Bresse
• 2 quartiers de poire en conserve au naturel
• Poivre concassé

Réalisation Préchauffez le gril du four. Coupez les quartiers de poire en fines lamelles et poivrez-les. Coupez le pain en deux pour former 4 triangles. Disposez les lamelles de fruit sur les tranches de pain de mie et ajoutez le fromage émietté. Passez sous le gril pour faire fondre le bleu et servez tiède.

PANINI À LA VIANDE DES GRISONS

Réalisation Ouvrez les pains en deux sans les détacher et versez sur une moitié un filet d'huile d'olive. Préchauffez le gril du four. Triez, lavez la mâche et effeuillez-la. Disposez quelques feuilles sur le pain huilé. Ajoutez les tomates séchées coupées en lamelles puis la viande des grisons. Parsemez de quelques copeaux de parmesan, refermez le sandwich et passez-le sous le gril pour le tiédir. Servez aussitôt.

4 pers. **249 cal./p**

- 2 pains italiens (panini)
- 50 g de viande de bœuf séchée (viande des grisons)
- 2 tomates séchées
- Quelques feuilles de mâche
- Quelques copeaux de parmesan
- 1 c. à soupe d'huile d'olive

PAN BAGNA AUX OLIVES

4 pers. **249 cal./p**

- 1 œuf dur
- 1/2 poivron vert
- 1 tomate
- 1 oignon doux
- 5 olives vertes dénoyautées
- 2 filets d'anchois au sel
- 2 boules de pain de 12 cm de diamètre
- 1 gousse d'ail
- 1 c. à café d'huile d'olive
- Sel, poivre concassé

Réalisation Préchauffez le gril du four. Coupez l'œuf dur en rondelles. Passez le poivron sous le gril, pelez-le et détaillez-le en fines lanières. Coupez la tomate en rondelles, pelez et coupez l'oignon en rondelles et séparez les anneaux. Épongez les filets d'anchois. Fendez les pains en deux et ouvrez-les sans séparer les deux moitiés. Retirez les deux tiers de la mie et frottez d'ail le tiers restant. Versez un filet d'huile d'olive, salez et poivrez. Garnissez le pain avec les rondelles de tomate et d'œufs durs, les lanières de poivron, les anneaux d'oignon, les anchois et les olives noires.

PITA AUX CRUDITÉS VARIÉES

Réalisation Préchauffez le gril du four. Pelez et coupez le concombre en fines rondelles. Salez et laissez dégorger pendant 30 minutes. Égouttez et réservez au frais. Coupez la tomate en petits dés. Passez le poivron sous le gril, pelez-le et détaillez-le en lanières. Coupez la salade en lanières. Mélangez tous les légumes. Mélangez dans un bol le yaourt avec le jus de citron, poivrez. Ajoutez la sauce aux légumes mêlés. Coupez le pain en deux et farcissez chaque moitié avec cette préparation.

4 pers. 134 cal./p

- 1 pain pita
- 1 tomate
- 1/2 poivron vert
- 1/2 concombre
- Quelques feuilles de laitue
- 1 yaourt nature au lait écrémé
- 2 c. à soupe de jus de citron
- Sel, poivre concassé

SEIGLONS À L'ANANAS ET AU COMTÉ

4 pers. **249 cal./p**

- 4 tranches de pain de seigle
- 100 g de crevettes roses décortiquées
- 2 tranches d'ananas en conserve au naturel
- 40 g de comté

Réalisation Coupez le pain de seigle en deux pour former 8 triangles. Coupez les tranches d'ananas en 4 et le fromage en petits cubes. Sur une pique en bois, alternez une tranche de pain, 2 crevettes, un morceau d'ananas et un dé de comté. Terminez par un triangle de pain et servez sur un plat de service.

PUMPERNICKELS

4 pers. **192 cal./p**

- 2 tranches de pumpernickel (pain de seigle complet)
- 4 c. à soupe de raifort
- 2 tranches fines de rosbif froid
- 4 cornichons
- 1 oignon
- 1 jaune d'œuf dur

Réalisation Tartinez le pain de raifort. Disposez dessus les tranches de viande, des lamelles de cornichon, des anneaux d'oignon et saupoudrez de jaune d'œuf émietté. Servez bien frais.

TARTINES GOURMANDES

Réalisation Passez le pain brioché sous le gril du four. Pelez et coupez les fruits en fines rondelles et citronnez-les. Beurrez les tranches de pain et disposez les rondelles de kiwi et de banane sans les mélanger. Nappez de miel liquide et servez aussitôt.

4 pers. 216 cal./p

• 2 tranches de pain brioché
• 20 g de beurre
• 1 c. à soupe de miel de thym
• 1 banane
• 1 kiwi
• 1/2 citron

TARTINES SUR PAIN DE CAMPAGNE

Réalisation Tartinez généreusement le pain de campagne de cottage-cheese. Saupoudrez de paprika. Coupez le jambon en languettes et le kiwi en rondelles assez fines. Disposez-les sur le fromage en alternant un morceau de jambon avec 2 rondelles de fruit.

4 pers. 228 cal./p

• 2 grandes tranches de pain de campagne
• 4 c. à soupe de cottage-cheese
• 2 tranches de jambon blanc dégraissé et découenné
• 2 kiwis
• Paprika en poudre

TORTILLAS VÉGÉTARIENNES

4 pers. **150 cal./p**

Pour les tortillas :
• 60 g de farine de blé
• 60 g de farine
de maïs
Pour la garniture :
• Quelques feuilles
de salade
• 2 tomates
• 1 poivron vert
• 2 c. à soupe
de maïs doux
• 2 c. à soupe de
fromage râpé

Réalisation Versez les deux farines dans une jatte et mélangez-les. Creusez un puits au centre et ajoutez progressivement 12 cl d'eau chaude. Malaxez jusqu'à obtenir une pâte épaisse bien homogène. Divisez la pâte en boules puis étendez-les au rouleau sur une surface farinée. Faites chauffer une poêle à fond épais et placez-y les tortillas une à une. Lorsque les bords commencent à gonfler, retournez-les. Préchauffez le four à 210° (th. 7). Nettoyez la salade et coupez-la en fines lanières, coupez les tomates en cubes, pelez et détaillez le poivron en lamelles. Garnissez les tortillas de légumes, terminez par le fromage râpé, enroulez-les et passez quelques minutes au four chaud.

•

FETTUCINE AU PISTOU

Réalisation Faites cuire les pâtes al dente pendant 10 à 15 minutes dans une grande quantité d'eau bouillante légèrement salée. Pendant ce temps, pelez les gousses d'ail et effeuillez le basilic. Écrasez l'ail, les feuilles de basilic, les pignons et une pincée de gros sel dans un mortier jusqu'à obtention d'une pâte fine et homogène. Ajoutez le parmesan et incorporez l'huile en filet. Poivrez. Égouttez les pâtes, déposez-les dans un plat de service chaud et servez immédiatement, le pistou présenté à part.

4 pers.	218 cal./p

- 200 g de fettucine
- 4 c. à soupe d'huile d'olive
- 3 gousses d'ail
- 5 branches de basilic frais
- 1 c. à soupe de pignons
- 1 c. à soupe de parmesan râpé
- Gros sel, sel fin
- Poivre concassé

BLAFF ANTILLAIS

| 4 pers. | 242 cal./p |

- 1 daurade de 1,2 kg
- 4 citrons verts
- 3 ciboules
- 3 gousses d'ail
- 1/2 piment antillais
- Basilic frais
- 2 oignons
- 2 papayes
- 3 tomates
- 100 g de riz long
- 10 cl de lait de coco
- 3 c. à soupe d'huile d'olive
- 1 pincée de quatre-épices
- Sel, poivre

Réalisation Coupez la daurade en tronçons et disposez-la dans un plat creux. Arrosez du jus de 3 citrons, ajoutez les ciboules épluchées et finement hachées, 1 gousse d'ail écrasée, le piment émincé, le basilic ciselé, le quatre-épices, une pincée de sel et de poivre. Mélangez et placez au frais pendant 1 heure. Pelez et émincez les oignons et 1 gousse d'ail et faites-les blondir dans 1 cuillerée d'huile. Mouillez le hachis avec 1 litre d'eau, salez, poivrez et portez à ébullition. Plongez-y le poisson et la marinade et laissez cuire doucement 5 à 8 minutes. Retirez le poisson à l'aide d'une écumoire, déposez les darnes dans un plat creux, arrosez d'une louche de bouillon et réservez au chaud. Jetez le riz dans le bouillon de cuisson du poisson et laissez cuire à feu doux pendant 20 minutes. Égouttez-le et réservez-le. Épluchez les papayes, retirez les graines, râpez la pulpe avec une grille. Ébouillantez les tomates, passez-les sous l'eau fraîche, enlevez peau et graines et coupez-les en tranches fines. Disposez papayes et tomates sur un plat de service. Mélangez dans un bol 2 cuillerées à soupe d'huile d'olive, 1 gousse d'ail écrasée, le lait de coco, le jus du dernier citron vert. Servez le poisson au bouillon avec le riz et proposez, à part, la salade de papayes et tomates nappée de sauce coco.

BOULETTES DE BŒUF AUX ÉPICES

4 pers. **192 cal./p**

- 500 g de viande hachée à 5 % MG
- 1 gros oignon
- 4 gousses d'ail
- Quelques feuilles de menthe fraîche
- 1 bouquet de persil
- 10 g de beurre
- 2 c. à soupe de farine
- 50 g de riz cuit
- 1 œuf
- 2 c. à soupe d'huile
- 1 pincée de piment en poudre
- Sel, poivre

Réalisation Hachez l'oignon, l'ail, la menthe et le persil. Faites revenir ce hachis dans le beurre puis laissez refroidir. Mélangez avec la viande hachée, le riz, l'œuf, le piment. Salez, poivrez. Pétrissez vigoureusement à la main, jusqu'à obtention d'une farce homogène. Avec les mains humides, formez des boulettes de la taille d'une grosse noix, puis aplatissez-les légèrement. Passez les boulettes dans la farine, puis laissez-les sécher un instant. Dans une poêle, faites chauffer l'huile et faites-y dorer entièrement les boulettes pendant 12 à 15 minutes. Veillez à moduler la température, car les boulettes doivent être légèrement croustillantes à l'extérieur, mais bien cuites à l'intérieur. Servez chaud avec une sauce à la tomate.

CHOU CHINOIS AUX CREVETTES

Réalisation Réhydratez les champignons noirs dans un bol d'eau tiède. Rincez et égouttez les germes de soja. Émincez finement le chou chinois et saisissez-le dans une poêle avec 1 cuillerée d'huile pendant 2 minutes. Laissez refroidir. Préparez la vinaigrette en mélangeant le restant d'huile, le jus de citron, le sucre, la sauce de soja, une pincée de sel et du poivre. Égouttez les champignons, pressez-les pour en extraire le maximum d'eau et coupez-en les queues. Placez les champignons émincés, les germes de soja, les crevettes et le chou dans des bols chinois. Nappez de sauce, mélangez et servez.

4 pers. | **174 cal./p**

- 400 g de chou chinois
- 80 g de champignons noirs séchés
- 200 g de crevettes roses décortiquées
- 100 g de germes de soja
- 4 c. à soupe d'huile de sésame
- 2 c. à soupe de jus de citron
- 2 pincées de sucre semoule
- 2 c. à soupe de sauce de soja
- Sel, poivre

CUISSES DE POULET À L'EXOTIQUE

4 pers. **245 cal./p**

- 4 cuisses de poulet de 150 g chacune
- 1 c. à soupe d'huile
- 10 cl de lait de coco
- 40 g de cacahuètes
- Curry en poudre
- 4 brins de coriandre
- Sel, poivre

Réalisation Faites revenir les cuisses de poulet sur toutes les faces à l'huile bien chaude dans une sauteuse. Salez, poivrez et saupoudrez de curry. Réduisez le feu, couvrez et prolongez la cuisson pendant 20 à 25 minutes. Ajoutez un peu d'eau en cours de cuisson pour éviter que la viande ne se dessèche. Quelques minutes avant la fin de la cuisson, mouillez au lait de coco, portez à ébullition, puis laissez légèrement réduire. Broyez les cacahuètes au pilon et incorporez-les à la viande. Rectifiez l'assaisonnement, décorez de coriandre ciselée et servez aussitôt.

GAMBAS À LA CORIANDRE

Réalisation Nettoyez les gambas abondamment sous l'eau courante. Essuyez-les dans du papier absorbant puis décortiquez-les en conservant les queues. Faites chauffer l'huile avec les gousses d'ail pelées, puis enlevez les gousses lorsqu'elles ont pris une couleur de noisette. Ajoutez le sucre, la coriandre et la ciboulette ciselées, le jus de citron et la crème fraîche. Jetez-y les gambas et saisissez-les sur feu vif sans cesser de remuer jusqu'à ce qu'elles rosissent légèrement. Ajoutez du sel et une pincée de poivre. Servez les gambas chaudes ou froides.

4 pers. 140 cal./p

- 24 gambas
- 2 c. à soupe de jus de citron
- 2 gousses d'ail
- 1 c. à soupe d'huile
- 2 c. à soupe de crème à 8 % MG
- 1 c. à café de sucre roux
- 2 c. à soupe de coriandre fraîche
- 2 c. à soupe de ciboulette
- Sel, poivre

NOUILLES FAÇON CHINOISE

4 pers. | **245 cal./p**

- 150 g de nouilles chinoises
- 100 g de palette de porc
- 10 cl de bouillon
- 1 gousse d'ail
- 5 ciboules
- 1 concombre
- 4 cl de vinaigre de xérès
- 2 c. à soupe de sauce de soja
- 1 pincée de sucre semoule
- 1 c. à soupe d'huile
- Sel, poivre

Réalisation Passez la palette de porc au hachoir et faites-la dorer dans l'huile pendant 2 à 3 minutes. Dans un bol, mélangez le vinaigre, la sauce de soja et le bouillon de volaille. Mouillez le hachis de cette préparation. Pelez et écrasez l'ail au pilon. Coupez la ciboule en petits morceaux et saupoudrez-la de sucre. Ajoutez le tout à la viande et mélangez. Laissez cuire 10 minutes. Pelez et épépinez le concombre puis coupez-le en tous petits cubes. Ébouillantez-les pendant quelques minutes dans de l'eau légèrement salée. Faites cuire les nouilles comme indiqué sur l'emballage puis égouttez-les. Versez dans un plat de service la viande, le concombre et les nouilles, mélangez et servez aussitôt.

POULET AU MIEL

Réalisation Pressez les oranges et le citron. Prélevez finement un morceau d'écorce d'orange et réservez-le pour le bouquet garni. Faites fondre le beurre. Ajoutez le miel et laissez-le se liquéfier. Retirez du feu et ajoutez-le au jus des agrumes ainsi que les épices. Laissez refroidir. Préchauffez le four à 210 °C (th. 7). Épluchez les oignons, coupez-les en quatre et farcissez-en le poulet. Assaisonnez-le et placez-le dans un plat avec le bouquet garni. Arrosez-le de 2 à 3 cuillerées à soupe de marinade. Enfournez et laissez cuire 15 minutes. Versez la moitié de la marinade sur le poulet et poursuivez la cuisson 15 minutes supplémentaires. Arrosez du restant de marinade et terminez la cuisson (20 à 30 minutes).

| 4 pers. | 229 cal./p |

- 1 poulet fermier
- 2 oignons blancs
- Sel, poivre
- 1 bouquet garni

Pour la marinade :
- 2 oranges
- 1 citron
- 20 g de beurre
- 5 c. à soupe de miel liquide
- 1 c. à café de graines de coriandre
- 1 c. à café de graines de cumin
- 1 c. à café de grains de poivre noir
- 1 pincée de cannelle en poudre

PAELLA ÉPICÉE

4 pers. **242 cal./p**

- 4 morceaux de poulet
- 12 moules
- 8 langoustines
- 150 g de riz rond cru
- 50 g de petits pois
- 2 oignons
- 3 gousses d'ail
- 1 c. à soupe de concentré de tomate
- 2 c. à soupe d'huile d'olive
- 1 feuille de laurier
- 1 piment doux
- 1 pincée de safran en filaments
- Sel, poivre.

Réalisation Lavez les moules, faites-les ouvrir dans une casserole d'eau bouillante salée. Réservez. Portez à ébullition 25 cl d'eau et plongez-y les langoustines pendant 2 à 3 minutes. Égouttez-les et réservez-les au chaud. Épluchez puis hachez les oignons. Faites dorer les morceaux de poulet et le hachis d'oignons dans 1 cuillerée d'huile. Ajoutez 10 cl d'eau, le concentré de tomate, le laurier, le safran, du sel et du poivre. Réduisez le feu et laissez mijoter pendant 10 minutes à couvert. Dans une sauteuse, faites chauffer le restant d'huile et jetez-y le riz. Mélangez jusqu'à ce qu'il devienne translucide. Mouillez avec l'eau des langoustines et des moules filtrée. Complétez avec 2 litres d'eau. Portez à ébullition puis ajoutez les petits pois, le piment haché et la viande avec son jus. Réduisez le feu et laissez cuire à découvert pendant 15 minutes. Garnissez de moules et de langoustines. Couvrez et laissez hors du feu pendant 5 minutes. Servez dans le plat de cuisson.

PAIN AU MAÏS À L'AMÉRICAINE

Réalisation Versez les farines dans un saladier et creusez un puits. Ajoutez le sel, le sucre et la levure. Faites fondre le beurre au bain-marie. Préchauffez le four à 210 °C (th. 7). Battez les œufs avec le lait et ajoutez-y le beurre fondu. Versez ce mélange dans le puits et travaillez la pâte avec les doigts jusqu'à obtention d'une consistance homogène.

4 pers. **182 cal./p**

• 200 g de farine de maïs
• 150 g de farine de froment
• 2 c. à soupe de sucre semoule
• 1/2 c. à café de levure
• 140 g de beurre
• 2 œufs
• 40 cl de lait écrémé
• Sel

Tapissez un moule à cake de papier sulfurisé et versez-y la pâte. Enfournez à mi-hauteur et faites cuire pendant 30 minutes.

POULET TANDOORI

4 pers. 181 cal./p

- 8 morceaux de poulet
- 1/2 yaourt nature
- 3 gousses d'ail
- 10 g de racine de gingembre frais ou 1/2 c. à café de poudre
- 2 c. à café de paprika
- 1 c. à café de piment en poudre
- 1 c. à soupe de jus de citron
- Sel, poivre noir

Réalisation Pelez l'ail et le gingembre et écrasez-les au pilon dans une jatte jusqu'à ce que vous obteniez une pommade. Ajoutez le yaourt, le piment, le paprika, le jus de citron et le poivre, puis mélangez bien. Réservez. Faites des incisions dans la chair du poulet à intervalles réguliers, puis frottez les morceaux de volaille avec du sel. Mettez-les ensuite dans un plat creux et nappez-les de préparation au yaourt. Couvrez et laissez mariner pendant 10 à 12 heures au réfrigérateur en retournant de temps en temps les morceaux de poulet. Préchauffez le gril du four. Rangez les morceaux de poulet dans un plat allant au four et glissez celui-ci sous le gril. Laissez cuire les morceaux de volaille pendant 45 minutes en les retournant et en les badigeonnant de marinade de temps à autre.

ROULEAUX DE PRINTEMPS

Réalisation Arrosez les vermicelles d'eau bouillante et laissez-les gonfler. Faites tremper les champignons séparément dans de l'eau chaude, puis égouttez-les. Coupez les vermicelles en morceaux de 3 cm environ. Essorez et coupez les champignons. Mélangez-les ensuite avec les vermicelles et les autres ingrédients sauf l'œuf. Déployez la pâte de riz sur un linge et vaporisez-la d'eau tiède. Puis badigeonnez d'œuf battu. Répartissez la farce dans le tiers inférieur et enroulez jusqu'à la moitié. Rabattez les côtés en serrant bien et enroulez complètement. Couvrez et réservez. Faites cuire les rouleaux à la vapeur dans le panier de l'autocuiseur pendant 5 à 8 minutes.

4 pers.	177 cal./p

- 1 paquet de pâte de riz
- 1 œuf
- 50 g de vermicelles chinois
- 2 champignons noirs
- 100 g de viande de veau maigre hachée
- 1 oignon haché
- 1 gousse d'ail hachée
- Gingembre en poudre
- 1 c. à soupe de sauce de soja
- Poivre noir

SASHIMI

4 pers.	233 cal./p

- 300 g de thon frais
- 300 g de sole
- 2 citrons verts
- 1 citron jaune
- 2 poivrons rouges
- 2 poivrons verts
- 20 cl de lait de coco
- 4 oignons
- 6 c. à soupe de sauce de soja
- 2 c. à café de daikon râpé (radis blanc)

Réalisation Coupez les filets de poisson en lamelles assez fines et en morceaux de 4 à 5 cm de longueur. Déposez-les dans un plat creux et versez dessus le jus des citrons verts. Laissez macérer 30 minutes. Rincez délicatement les morceaux de poisson sous l'eau froide et égouttez-les. Disposez les morceaux de poisson, les poivrons pelés et coupés en fines lamelles et les oignons émincés sur un plat de service. Mélangez dans un bol le lait de coco et le jus du citron jaune. Nappez le poisson de cette préparation. Laissez reposer au réfrigérateur jusqu'au moment de servir. Posez le plat sur la table et préparez une coupelle en mélangeant la sauce de soja et le daikon. Dégustez le poisson préalablement trempé dans la sauce.

SAUTÉ D'AGNEAU À LA MONGOLE

Réalisation Émincez la viande en fines lanières. Faites-la mariner au moins 1 heure dans la sauce de soja, le xérès, la fécule, le gingembre, l'ail écrasé et l'huile de sésame. Lavez et émincez les oignons avec leurs tiges. À table, faites revenir l'agneau à feu vif dans un wok. Lorsque la viande est bien dorée, réservez-la à part. Ajoutez l'huile d'olive et faites sauter environ 5 minutes, à feu très vif, les oignons. Remuez constamment pour ne pas laisser attacher. Assaisonnez. Ajoutez la viande, mélangez et décorez avec quelques graines de sésame. Servez aussitôt.

4 pers.	248 cal./p

- 400 g d'épaule d'agneau
- 1 gousse d'ail
- 1 c. à soupe de sauce de soja
- 1 c. à soupe de xérès
- 1 c. à soupe de fécule de maïs
- 1 c. à café de graines de sésame
- 1 c. à soupe d'huile d'olive
- 1 c. à soupe d'huile de sésame
- 1/2 c. à café de gingembre en poudre
- 3 oignons blancs nouveaux avec leur tige
- Poivre du moulin

AUBERGINES À LA GRECQUE

6 pers. **68 cal./p**

- 1 kg d'aubergines
- 2 c. à soupe d'huile d'olive
- 2 gros oignons
- 2 gousses d'ail
- 1 petit piment fort
- Sel, poivre

Réalisation Pelez les aubergines et coupez-les en rondelles. Faites bouillir 50 cl d'eau salée dans votre autocuiseur. Jetez-y les rondelles d'aubergine. Fermez, faites monter en pression la cocotte sur feu vif. Dès que la soupape chuchote, réduisez le feu et laissez cuire 10 minutes à feu moyen. Égouttez les aubergines. Pelez et hachez finement les oignons. Faites-les revenir doucement dans une sauteuse avec l'huile, l'ail haché et le piment écrasé. Ajoutez 1 cuillerée d'eau. Couvrez et laissez mijoter sur feu doux quelques minutes. Mélangez les aubergines cuites avec le contenu de la sauteuse. Travaillez les légumes avec une cuillère en bois jusqu'à obtenir une purée, en laissant l'eau des aubergines s'évaporer sur feu doux.

LES DESSERTS

•

CITRONS GIVRÉS

Réalisation Coupez la base des citrons à ras pour pouvoir les maintenir sur une assiette ou un plat de service. Retirez le chapeau des fruits puis videz-les. Placez les fruits évidés au freezer pendant 1 heure. Pressez le jus des fruits et conservez la pulpe. Mélangez dans une jatte les petits-suisses avec le sucre. Incorporez la purée et le jus des citrons. Remplissez les écorces de fruits avec cet appareil et laissez prendre au congélateur pendant au moins 2 heures avant de servir les citrons décorés de feuilles de menthe.

4 pers.	97 cal./p

- 4 citrons jaunes
- 4 c. à soupe de sucre semoule
- 4 petits-suisses à 20 % MG
- Quelques feuilles de menthe fraiche

ANNEAUX À LA CRÈME D'ORANGE

4 pers.   **189 cal./p**

- 2 œufs + 2 jaunes
- 25 g de beurre
- 100 g de farine
- 3 c. à soupe de sucre
- 20 cl de jus d'orange 100 % fruit s/sucre ajouté
- 300 g de framboises
- 1 pincée de sel

Réalisation Préchauffez le four à 210 °C (th. 7). Confectionnez la pâte : portez 10 cl d'eau à ébullition, ajoutez le beurre, le sel et 1 cuillerée de sucre semoule. Ajoutez 75 g de farine et mélangez jusqu'à obtenir une boule de pâte homogène qui se détache des parois. Laissez refroidir puis incorporez 2 œufs entiers. Formez 12 anneaux à l'aide d'une poche à douille et enfournez-les pendant 15 à 20 minutes. Battez les jaunes d'œufs avec le sucre restant dans une jatte, ajoutez la farine puis le jus d'orange. Chauffez à feu doux sans cesser de remuer jusqu'à ce que la crème épaississe. Laissez refroidir. Ouvrez les anneaux en deux et farcissez-les de crème. Disposez quelques framboises et refermez.

COUPE DE POIRES À LA MENTHE

Réalisation Pelez et épépinez-les poires. Retirez le cœur et coupez les fruits en quartiers. Arrosez-les de jus de citron pour éviter qu'ils ne noircissent. Disposez les quartiers de poire en corolle dans 4 coupes individuelles. Hachez les fruits confits et parsemez-en les poires. Ajoutez 2 boules de sorbet dans chaque coupelle et arrosez de vin blanc. Décorez de feuilles de menthe et servez aussitôt.

4 pers. **192 cal./p**

- 4 poires
- 1/2 citron
- 4 c. à soupe de vin blanc d'Alsace fruité
- 8 boules de sorbet au citron
- 2 c. à soupe de fruits confits
- Quelques feuilles de menthe fraîche

ENTREMETS AUX FRAMBOISES

4 pers. 180 cal./p

- 300 g de framboises
- 4 macarons
- 35 cl de lait écrémé
- 3 jaunes d'œufs
- 2 c. à soupe de farine
- 6 à 8 c. d'édulcorant en poudre
- 1 c. à soupe de Kirsch
- Feuilles de menthe fraîche.

Réalisation Fouettez les jaunes d'œufs avec l'édulcorant jusqu'à ce que le mélange blanchisse. Incorporez la farine. Portez le lait à ébullition puis versez-le sur les œufs battus. Replacez sur feu doux jusqu'à épaississement puis ajoutez le kirsch. Versez la crème dans des coupes individuelles et laissez refroidir. Émiettez les macarons et incorporez-les à la crème tiède. Ajoutez les framboises et décorez de feuilles de menthe.

FRAISES À LA MALTAISE

Réalisation Lavez et équeutez les fraises. Épongez-les dans du papier absorbant. Coupez les oranges en deux et détachez la pulpe du fruit à l'aide d'un couteau à pamplemousse. Séparez les quartiers d'orange, ébouillantez-les, laissez-les refroidir puis pelez-les. Coupez les fraises en morceaux, mélangez-les aux quartiers d'orange et nappez-les de Grand Marnier. Réservez au frais pendant 30 minutes au moins. Avant de servir, emplissez les écorces d'orange de salade de fruits et saupoudrez de sucre semoule. Décorez de feuilles de menthe et servez.

4 pers.	88 cal./p

- 2 oranges
- 200 g de fraises
- 4 c. à soupe de Grand Marnier
- Quelques feuilles de menthe fraîche
- 2 c. à café de sucre

GRANITÉ DE MELON AU CHAMPAGNE

4 pers.   **92 cal./p**

- 1 melon de 600 g
- 4 c. à soupe de sucre
- 1 c. à soupe de jus de citron
- 2 c. à soupe de cognac
- 25 cl de champagne

Réalisation Retirez la pulpe du melon et passez-la au mixeur. Récupérez 40 cl de purée de fruit. Portez 10 cl d'eau, additionnée du sucre, à ébullition, retirez du feu au premier bouillon et laissez refroidir. Incorporez la purée de melon, ajoutez le jus de citron, le cognac et le champagne. Versez cette préparation dans un moule à glace et placez au freezer. Après 1 heure, grattez la surface du granité avec une fourchette. Recommencez l'opération toutes les 30 minutes pendant 2 heures. Sortez le granité 30 minutes avant de le servir dans des coupes individuelles.

GRATIN DE FRUITS DES BOIS

Réalisation Lavez puis essuyez les fruits dans du papier absorbant. Mélangez le jus de citron, le Grand Marnier et l'édulcorant. Faites macérer les fruits pendant 30 minutes dans ce mélange. Faites chauffer les fruits à feu doux dans une casserole avec leur jus de macération. Préchauffez le gril du four. Versez le mélange chaud dans 4 raviers individuels. Saupoudrez de cassonade et d'amandes mélangées et passez sous le gril. Servez aussitôt.

4 pers.	193 cal./p

- 600 g de fruits sauvages
- 1 citron
- 4 c. à soupe d'édulcorant en poudre
- 2 cl de Grand Marnier
- 2 c. à soupe de cassonade
- 2 c. à soupe d'amandes en poudre

MOUSSE AU GRAND MARNIER

4 pers.	196 cal./p

- 6 œufs
- 8 c. à soupe d'édulcorant en poudre
- 20 g d'écorce d'orange confite
- 6 cl de Grand Marnier
- 1 pincée de sel

Réalisation Battez les jaunes d'œufs dans une jatte avec l'édulcorant en poudre jusqu'à ce que le mélange blanchisse et mousse. Hachez très finement l'écorce d'orange et ajoutez-la au mélange précédent. Battez les blancs d'œufs en neige ferme avec le sel. Ajoutez-les délicatement aux œufs battus puis incorporez le Grand Marnier. Versez la mousse dans des coupelles individuelles et placez-les au réfrigérateur pendant au moins 1 heure. Servez bien frais.

MOUSSE DE POMMES AU COULIS D'ABRICOT

Réalisation Pelez et épépinez les pommes. Débarrassez-les de leur trognon et coupez-les en morceaux. Faites-les cuire en compote avec un demi-verre d'eau. Passez-les au moulin à légumes ou au mixeur pour obtenir une purée lisse et homogène. Faites tremper les

4 pers.	160 cal./p

- 1 kg de pommes
- 4 feuilles de gélatine
- 2 c. à soupe de rhum
- 2 blancs d'œufs
- 2 c. à soupe de coulis d'abricot
- 1 pincée de sel

feuilles de gélatine dans de l'eau froide, égouttez-les et incorporez-les à la purée de fruits puis ajoutez le rhum. Montez les blancs en neige avec le sel et incorporez-les au mélange précédent. Versez la préparation dans 4 ramequins individuels et laissez-les prendre au réfrigérateur pendant 2 à 3 heures. Démoulez et servez les mousses garnies de coulis d'abricot.

OMELETTE SOUFFLÉE AUX FRUITS

4 pers. **196 cal./p**

- 200 g de fruits variés
- 1/2 citron non traité
- 6 œufs
- 4 c. à soupe d'édulcorant
- 20 g de beurre
- 1 c. à soupe de rhum
- 1 c. à soupe de sucre glace
- 1 pincée de sel

Réalisation Extrayez le jus du citron et râpez-en le zeste. Coupez les fruits en morceaux et citronnez-les. Battez les jaunes d'œufs avec l'édulcorant jusqu'à obtenir un mélange mousseux. Ajoutez le zeste de citron et le rhum. Montez les blancs d'œufs avec le sel en neige ferme et incorporez-les à l'appareil précédent. Faites fondre le beurre et versez-y l'omelette. Laissez cuire à feu doux jusqu'à ce que les bords soient cuits, puis repliez-la sur elle-même. Préchauffez le gril du four. Déposez le blanc en neige restant sur l'omelette à l'aide d'une poche à douille et parsemez de morceaux de fruits. Passez-la sous le gril et saupoudrez de sucre glace. Servez tiède.

PARFAIT À LA MANGUE

Réalisation Mélangez les œufs avec l'édulcorant dans un saladier allant au feu et placez-le au bain-marie. Fouettez vivement jusqu'à obtenir un mélange mousseux. Extrayez le jus du citron. Épluchez et dénoyautez les mangues et passez la pulpe au mixeur. Mélangez dans une jatte la purée de fruit, le jus du citron et les jaunes d'œufs sucrés, puis incorporez-y la crème légère. Versez la préparation dans un moule et placez au réfrigérateur pendant 4 heurcs. Servez aussitôt.

4 pers.	127 cal./p

- 2 mangues bien mûres
- 100 g d'édulcorant en poudre
- 1 citron
- 4 jaunes d'œufs
- 3 c. à soupe de crème à 8 % MG

PASTÈQUE SURPRISE

6 à 8 p. **124 cal./p**

- 1/2 pastèque
- 1 melon
- 1 pamplemousse
- 2 oranges non traitées
- 1 pomme
- 8 fraises
- 1 petite grappe de raisin noir ou blanc
- 10 cl de jus de raisin

Réalisation Évidez la pastèque et prélevez des boules de chair à l'aide d'une cuillère parisienne. Faites de même avec le melon. Pelez une orange et le pamplemousse à vif, détaillez le pamplemousse en quartiers et l'orange en rondelles. Coupez la pomme en quartiers sans la peler. Épépinez-la et ôtez le cœur. Lavez et coupez les fraises en 2 ou en 4 et égrainez le raisin. Pressez le jus de l'orange restante et râpez-en le zeste. Remplissez la pastèque de tous ces fruits et arrosez-les de jus de raisin et d'orange pressée. Décorez de zeste d'orange râpé et servez bien frais.

SOUFFLÉ AUX CERISES

Réalisation Préchauffez le four à 200 °C (th. 6-7). Lavez et dénoyautez les cerises. Plongez-les dans 1 litre d'eau portée à ébullition et additionnée de 4 cuillerées de sucre et laissez-les cuire pendant 5 à 8 minutes. Égouttez-les. Mélangez dans une jatte les jaunes d'œufs, le restant de sucre semoule, le sucre vanillé et le fromage blanc. Délayez la Maïzena dans le lait, battez les blancs d'œufs en neige ferme avec le sel et incorporez la préparation au mélange précédent. Ajoutez les raisins secs et les cerises. Beurrez un moule à soufflé et versez-y l'appareil. Enfournez et laissez cuire 45 minutes. Servez dès la sortie du four.

4 pers.	175 cal./p

- 250 g de cerises
- 20 g de raisins secs
- 250 g de fromage blanc à 0 % MG
- 1 jaune d'œuf + 2 blancs
- 1/2 c. à soupe de Maïzena
- 40 g de sucre semoule
- 1/2 sachet de sucre vanillé
- 10 g de beurre
- 25 ml de lait écrémé
- 1 pincée de sel

TERRINE DE FRUITS EN GELÉE

4 pers. **128 cal./p**

• 300 g de fruits en
conserve au naturel
(poires ou pêches)
• 300 g de fraises
• 1 melon
• 1 citron
• 60 cl de vin blanc
doux type muscat
• 8 feuilles de gélatine

Réalisation Égouttez les fruits au naturel et coupez-les en tranches de 2 cm d'épaisseur. Faites tremper les feuilles de gélatine dans de l'eau froide puis égouttez-les. Portez le vin à ébullition et incorporez-y les feuilles de gélatine. Mélangez jusqu'à dissolution complète. Épluchez le melon et détaillez-le en fines tranches. Lavez et équeutez les fraises et coupez-les en deux. Versez un peu de gelée dans un moule à cake. Tournez le récipient pour en enduire le fond et les parois. Faites prendre au réfrigérateur 30 minutes. Disposez une couche de fruits coupés et recouvrez de gelée. Placez au frais. Lorsque la gelée est quasiment prise, ajoutez une nouvelle couche de fruits puis de gelée. Renouvelez l'opération jusqu'à épuisement des ingrédients. Disposez la terrine au frais pendant 5 à 6 heures. Démoulez et servez.

TULIPES AUX GROSEILLES

Réalisation Faites fondre le beurre dans une casserole, ajoutez le sucre et mélangez. Versez la farine sans cesser de remuer jusqu'à ce que la pâte soit homogène. Incorporez les blancs d'œufs battus à la fourchette et mélangez. Préchauffez votre four à 210 °C (th. 7). Huilez une plaque à pâtisserie et répartissez 4 cuillerées de pâte. Enfournez 7 à 8 minutes. Décollez les disques de pâte à l'aide d'une palette métallique et posez-les sur un petit bol pour former des tulipes. Laissez-les refroidir et disposez-les sur les assiettes. Mixez la moitié des groseilles avec un peu d'édulcorant en poudre et filtrez le jus. Garnissez les tulipes de glace, de fruits frais et de coulis. Décorez avec quelques feuilles de menthe et servez.

4 pers.	187 cal./p

- 4 boules de sorbet au citron
- 300 g de groseilles
- 30 g de beurre
- 4 c. à soupe de sucre semoule
- 4 c. à soupe de farine
- 2 blancs d'œufs
- 1 c. à café d'huile
- Édulcorant en poudre
- Feuilles de menthe fraiche

Index

LES COCKTAILS

L'abricotine 13
L'agrumelle 18
L'alizé 14
L'iris 16
La désirade 15
Le cidrier 14
Le frappé à la fraise 15
Le smith 16
Le vulcano 17
Le zoé 17

LES AMUSE-GUEULE

Canapés au steak tartare 20
Chèvre grillé sur fond
  d'artichaut 22
Crackers aux asperges 21
Diablotins au roquefort 19
Endives en barquette 23
Mini-tartelettes variées 24
Œufs farcis 25
Roulades d'ananas 26
Tartines de saumon fumé
au fromage blanc 27
Tomates cerise au bleu 28

LES ENTRÉES CHAUDES

Cassolettes d'escargots 38
Crevettes flambées
  au whisky 29
Gratin de queues
d'écrevisses 31
Millefeuille d'aubergines 32
Profiteroles
  au chèvre frais 34
Scampis flambés à l'anis 35
Soufflé aux épinards 36
Tartelettes aux légumes 37
Velouté aux herbes 33
Velouté d'asperges
  vertes 30

LES ENTRÉES FROIDES

Artichauts à la romaine 39
Flans de concombre 40

Gaspacho andalou 41
Légumes confits
   à la grecque 42
Salade d'avocat au miel 43
Salade d'écrevisses aux
   légumes croquants 44
Tartines aux radis 45
Terrine de courgettes
   et menthe fraîche 46
Terrine de sole
   aux petits légumes 47
Tomates soufflées
   au fromage 48

LES VIANDES

Blanquette de dindonneau
   au paprika 49
Chevreuil à l'oseille 50
Émincé de bœuf
   aux ciboules 51
Lapin au concombre 52
Pavés de rumsteck
   au poivre vert 53
Pintade au vinaigre 54
Poulet au citron vert 55
Sauté de veau

aux poivrons 56
Suprêmes de volaille
   aux épices 57
Veau à la forestière 58

LES POISSONS

Casserole de la mer 59
Darnes de colin
   aux courgettes 60
Daurade au citron vert 61
Filets de julienne aux
   amandes 62
Lotte aux fèves fraîches 63
Médaillons de sole
   aux légumes variés 64
Moules au pistou 65
Palourdes aux
   légumes nouveaux 66
Panaché de poissons
   au safran 67
Rougets farcis
aux épinards 68

LES ŒUFS

Gratin de champignons
   aux œufs 70

Œufs à la florentine 69
Œufs brouillés
  aux foies de volaille 71
Œufs en meurette 72
Œufs mollets au yaourt 74
Omelette provençale 73

LES LÉGUMES VERTS

Brocoli aux herbes 75
Chiffonnade d'endives
  aux champignons 76
Cocotte de carottes
  à la crème 77
Concombre
  à l'aigre-doux 90
Concombres farcis 78
Épinards au beurre 79
Fondue de tomates 80
Gratin de choux de
  Bruxelles aux amandes 81
Haricots mange-tout
  à l'aneth 82
Légumes confits
  au gingembre 83
Légumes en papillote 84

Poireaux à la flamande 85
Purée de marrons
  au céleri 86
Ragoût de fenouil à la
  tomate 87
Rougail d'aubergines 88
Salade de courgettes
  marinées 89

LES FÉCULENTS

Couscous
  aux raisins blonds 91
Épis de maïs au chili 92
Étuvée de légumes
  aux haricots blancs 93
Galettes de riz 106
Galettes de sarrasin 94
Haricots panachés 95
Nouilles aux noix 96
Pois gourmands
  au beurre d'amandes 97
Purée de pois cassés 98
Ravioles au bouillon 99
Risotto au safran 100
Salade de blé germé 101
Salade tiède de lentilles 102

Spaghettis à l'ail 103
Taboulé à la menthe 104
Tagliatelles aux pleurotes 105

LES SAUCES
Crème aux herbes 112
Marinade pour viandes et gibier 108
Sauce aigre-douce 108
Sauce au curry 109
Sauce aux câpres 111
Sauce piquante 107
Sauce pizzaïola 114
Sauce poivrade 110
Sauce ravigote 110
Sauce verdurette 113

LES SANDWICHS
Brioches aux œufs brouillés 115
Croque-minceur 116
Pain aux noix et magret fumé 116
Pain aux oignons et brie fondant 117

Pain bis de la Baltique 118
Pains ronds au crabe 117
Pan bagna aux olives 120
Panini à la viande des grisons 119
Pita aux crudités variées 121
Pumpernickels 122
Seiglons à l'ananas et au comté 122
Tartines gourmandes 123
Tartines sur pain de campagne 123
Tortillas végétariennes 124
Triangles au bleu et à la poire 118

LES PLATS ÉTRANGERS
Aubergines à la grecque 140
Blaff antillais 126
Boulettes de bœuf aux épices 128
Chou chinois aux crevettes 129
Cuisses de poulet à l'exotique 130

Fettucine au pistou 125
Gambas à la coriandre 131
Nouilles façon chinoise 132
Paella épicée 134
Pain au maïs
  à l'américaine 135
Poulet au miel 133
Poulet tandoori 136
Rouleaux de printemps 137
Sashimi 138
Sauté d'agneau
  à la mongole 139

LES DESSERTS

Anneaux à la crème
  d'orange 142
Citrons givrés 141
Coupe de poires
  à la menthe 143

Entremets
  aux framboises 144
Fraises à la maltaise 145
Granité de melon
  au champagne 146
Gratin de fruits
  des bois 147
Mousse au
  Grand Marnier 148
Mousse de pommes
  au coulis d'abricot 149
Omelette soufflée
  aux fruits 150
Parfait à la mangue 151
Pastèque surprise 152
Soufflé aux cerises 153
Terrine de fruits
  en gelée 154
Tulipes aux groseilles 15